「やる気が出ない」が治る本

鴨下一郎◉医学博士

WIDE SHINSHO

まえがき

これから試合が始まるというのに、「なんか、やる気が出ないなあ」という選手はいませんね。先のオリンピックを見ていても、どの選手もモチベーションの針が振り切れんばかりの「やる気まんまん」の精神状態だったことは間違いありません。四年間、その「特別の日」に合わせてがんばってきたのですから、いざとなれば、自然に気持ちは盛り上がり、集中力にあふれた表情になります。

さて、何をいいたいのかというと、本書でいう「やる気」は、オリンピック選手が発揮する「尖《とん》がったやる気」とは、ちょっと違うかもしれないということです。

私たちの日常生活に必要なのは、「100%のやる気」ではありません。毎日、オリンピック選手のような「やる気」を出していたら、身が持ちませんね。

「やる気」にも、いくつかのレベルがあります。

日常生活においては、60％から70％ぐらいの、なだらかな「やる気」で物事に当たるのがいいのではないか、と思うのです。

もちろん「１００％のやる気」が必要な日もあるでしょうが、翌日はまた、「やる気度」を下げて、体調や気持ちを調整する工夫をする……そうやって、なだらかな「やる気」を長く続けていくことが肝要ではないかと思うのです。

たとえば、日記を20年、30年と書き続けている人がいます。「何をやっても長続きしない人」から見れば、驚くべき意志の強さと忍耐力の持ち主と思うでしょう。けれども、そのコツは、「１００％のやる気」で書かない、ということなのだそうです。寝る前に、思いついたことをつらつらと書き、まあ、「60％ぐらいのやる気」で書けば、毎日でも苦にならず、長く続けられるとのことなのです。

三日坊主の人は、「１００％のやる気」で名文を書こうとします。また、その日の出来事を克明に書こうとしたり、知人の心理を分析しようとしたり、要は、オリンピックの選手のような「尖がったやる気」でチャレンジしているのです。これが三日坊主で終わる要因となります。

そういう意味で、本書では、「やる気」の問題と、「長く続ける」という二つのテーマで考えてみました。ここで一つだけいいたいことは、「何をやっても長続きしない人＝意志が弱い人ではない」ということです。ですから、ちょっとした工夫と考え方で、だれでも「やる気」を失うことなく、「長く続けられる」ということです。

それぞれの人に、毎日、「やるべきこと」があります。

仕事でも、家事でも、勉強でもそうですが、いまの自分にとって大事なこと、何をおいてもやらなければならないことに「やる気が出ない」のは困りますね。だれが困るかといって、本人がいちばん困るのです。そして、いちばん「つらい」のです。「やる気度0％」ではうまくありません。頭の中では、「やらなきゃ」という焦りでいっぱいなのに、どうしても「やる気が出ない」……けれども、そんなに焦る必要はないと、ここではいっておきます。もちろん「うつ」などの病的な症状も疑われますが、これについては本文にも記しました。

「やる気が出ない」ときは、まずは休養をとってようすを見るようにしてください。どんな人でも、知らず知らずのうちに心も体も疲れが溜まっていて、どうにもならないことがあるものです。が、しばらくの休養で、だいぶ「やる気」が出てくることがほとんどのように思います。

また、こんなことも考えてください。何かをするときに、「あきる」、そして「嫌になる」「つらくなる」「めんどくさくなる」「やる気がなくなる」「落ち込む」「投げ出したくなる」というのは、だれにでもあることです。それが人間の性分なのだから仕方がない、そういうふうにも考えてほしいところです。

本書では、どうしても「やる気が出ない」ときには、どう対処するか。そして、「やる気」を持続させるにはどんなことに注意すべきか。このようなことについて、いっしょに考えてみたいと思います。

著者

「やる気が出ない」が治る本――目次

第2章　「やる気が出ない」を克服する

第3章　「めんどくさい」を乗り越える方法

第4章　「やる気」が出る目標づくりのコツ

第5章　「みんなでやる」と、やる気は続く

第6章　人との関係を「長く続ける」、こんな方法

第7章　タイプ別・「やる気」をなくさない工夫

本書は小社より出版された『「何をやっても長続きしない」が変わる本』を改題し、再編集した新版です。

装丁……ロコ・モーリス組
カバーイラストレーション……大高郁子

第1章
「やる気」をキープする習慣

●疾走する「馬」になるよりも、図々しく歩む「牛」になる

文豪・夏目漱石が、まだ若き芥川龍之介に送った手紙には、こうあります。

「どうぞ偉くなって下さい。しかし無暗《むやみ》にあせってはいけません。ただ牛のように図々しく進んで行くのが大事です」

また別の手紙では、こうあります。

「牛になる事はどうしても必要です。吾々《われわれ》はとかく馬になりたがるが、牛にはなかなかなり切れないです。（略）あせってはいけません。頭を悪くしてはいけません。根気ずくでお出《い》でなさい。世の中は根気の前に頭を下げることを知っていますが、火花の前には一瞬の記憶しか与えてくれません」

勢いに任せて駆ける「馬」になるよりも、不器用であっても、こつこつと続けていく「牛」のほうが最後には勝つように世の中はできている――そんなことをいいたかったのでしょう。

この法則は漱石が生きた時代であっても、いま私たちがいる現代であっても、変わりはないように思いますが、いかがでしょうか。

継続は力なり、といいます。

夢を叶えるには、仕事を成功に導くには、資格試験に合格するには、流暢に英語を話せるようになるには、充実した人生にするためには……何事においても大切なことは、日々、やるべきことを「続けていく」ことです。

確かに世の中には、天分を発揮して「疾走する馬」のごとくカッコよく生きている人もいますが、そんな人が活躍できるのは短い期間です。「火花」と同じで、しばらくすると「そういえば、あの人最近見かけないけど、いま何をやっているんだろう」と、すっかり色褪《いろあ》せた存在となっていることがほとんどです。

「続けていく力」を身につけなければ、人生、何も成し遂げられないという現実もあります。何をやるにも、時間がかかるからです。途中で投げ出すことなく、やり続けることが、目標を達成するためには不可欠なのです。

本書の最初に、私は、次のような「五つの提言」をしてみます。

「自分を責めない」
「反省しない」
「マイペースで」
「焦らない」
「楽しみながら」

……どれも、「やる気」をなくさず、続けていくための下支えとなるものです。以下、この「五つの提言」を中心に話をすすめたいと思います。

●自分を責める人は、「やる気」が続かない

何をやっても長続きせず、あれもこれも中途半端に終わるという人は、よく「(自分は)意志が弱いから」「こらえ性がないから」といったことを述べます。

本当でしょうか？　これは表面的な理由にすぎないように思うのです。

仕事でもスポーツでも、「よくない結果」が出ると、その原因を自分に求め、「自分

の責任だ」と深く悔いる……そういう思考パターンを「自罰傾向」といいます。

この「自罰」の癖を心の中に内蔵している人は、笑って済ませられるほどの小さな失敗にも自分の責任だと深刻に悩み、ひとり、くよくよすることもあります。さらに、自分には直接は関係のないトラブルにも「自分が一言、注意しておけば……」と自分を責めることが習性になっている人もいます。

客観的に見れば、「自分のせい」ではなく「Aさんのせい」「Bさんのせい」「みんなのせい」、あるいは「仕方のないこと」であっても、「自分のせい」なのです。そして心の中には、いつも「いいようのない不安」が棲みついてしまいます。そのために自信ももてず、何をやってもうまくいかないように思えてくる……日常的に、このような「くよくよ」した気分を引きずっている人は、ちょっとした環境の変化や障害物にぶつかると、パーンとはじけたように「やる気」がなくなり、物事を中途半端で終わらせてしまいます。

「意志が弱いから」「こらえ性がないから」という人には、その根っこには、日頃からの「自罰傾向」があります。自分を低く見積もっていることが、何をやっても長続きしない、その大きな要因になっています。

自分を責める人は、いつも心が疲れています。いざ何かをやろうとするときでも、心の中のエネルギー不足ということも多く、「やる気」もなかなか盛り上げられずに、「もうイヤだ」「もう、やめた」となりやすいです。

「続けていく」ことは、強靭な意志などもっていなくても、ずば抜けた天分がなくても、できることです。考え方をちょっと変えるだけで、実現できることがたくさんあります。心の中にある、この「自罰傾向」を自分の中から取り除くだけでも、だいぶ違う結果が待っているはずです。

●「反省もせず、後悔もせず」で自分を出す

タレントのタモリさんが司会をつとめる番組は「長く続く」ものが多い。あるインタビューで「長寿番組を生み出すコツは?」と尋ねられて、タモリさんは「いちいち反省しないこと」と述べています。

「反省しない能力」、これは大切な資質であろうと思います。

ときには番組の中で、失敗すること、うまくいかないこともあるでしょう。そこで反省をして、さらに番組の内容をよくしていこうとするのは殊勝な心がけですが、その結果、「ああすべきだ」「こうしなければならない」といった決まりごとが増えてしまい、その番組ならではの「のびやかさ」「ハプニング性」といったプラス面が失われて、結局視聴率が落ちていきます。

これは、先ほどの「自罰傾向」にも通ずることですが、自分をひとつの「型」に押し込もうとするのはうまくありません。「プチ反省」ぐらいならいいですが、反省のしすぎは、自分のよさを封じ込めることにもなります。その結果、刺激がなくなり、自分のやっていることがつまらなく思え、少しずつ「やる気」もなくなり、番組終了というコースをたどることにもなりかねません。

同じようなことは、年間二十冊近くの単行本を出すほどの人気作家も述べています。あるとき、新聞記者から「これだけたくさんの本を書いていたら、中には失敗作、凡作もあるのではありませんか」といじ悪な質問をされた。「もちろんある」と答えると、「そのときは、どうしますか」と記者。「何もしない。ふつかで忘れる」と、この作家は答えています。

「どうして？　どこが悪かったんだろう」と反省していたら次の本を書けなくなる、そんな「自分をしばる」ようなことはしない、という意味なのでしょう。

これは何事においても通じるように思います。

私たちの仕事にも、スポーツジムへ通うのにも、ダイエットにも、英会話の勉強をするのにも、反省するのもいいが、それは自分を責めることにつながり、心のストレスも増大し、一歩も踏み出せなくなるのでは意味がありません。

あるいは、反省することによって、自分ののびのびした活動に制限を加えるのでは、自分で自分を「殺す」ことにもつながります。

いっそのこと、反省はしない。あれはもう終わったこと、と割り切って忘れてしまう。そのほうが自分を「活かす」ことにつながるように思うのです。また、心の中にある「反省癖」を改めることによって、「自罰傾向」も少しずつ軽くなってゆくように思うのです。

●「気分本位」の活動は、心が疲れる

私たちは、やる気に満ちあふれているときもあれば、「なんだか気乗りしない」というときもあります。体調が悪い日もあるし、「きょうは何を食べてもうまい」という元気いっぱいの日もあります。

そういう日々の調子のよし悪しに流されて行動する人のことを「気分屋」ということもありますが、これでは調子のいいときにはいいが、調子が悪くなったら、ひどいことになります。

この点について、将棋の羽生善治さんが面白いことを述べています。

プロの棋士というのは年間七十から八十局ぐらいの対戦を闘うタフな生活を強いられ、しかも棋士人生というのは六十歳を超えるまで続く長丁場です。この長い棋士としての人生をまっとうするために大切なことは、「いつも同じペース」で走っていくことだそうです。急なアップテンポなどの激しい走り方をしていると、息切れして途

中棄権することになります。

いや、走るのがたいへんだったら、「歩き続ける」のでもいい。ともかく、そのときどきの調子のよし悪しに振り回されるのでは、安定した成績は残せないそうです。調子のいいときには、ぶっちぎりで勝つけれども、調子の悪いときは「やる気」も出ずに全然ダメ……そんな気分本位では、完走はできないということです。

●調子がよくても悪くても、「いつものペース」でやる

さて羽生善治さんは、もうひとつ面白いことをいっています。

「いつも同じペース」を保っていくためには、「いかに上手に負けるか」が大切だというのです。年間七、八十対局のすべてを勝つことはできない。その負ける対局を、いかに労力をかけずに「上手に負ける」か。そして負けてモヤモヤした気分をどうやって引きずらないようにするか。そのために心がけていることが——もし対局の中盤まで差しかかって、「これはどうも勝ち目がない」とわかったときには、負けを覚悟

することなのだそうです。

以前は、どんなに劣勢に立たされても、一発逆転の手筋はないかと考え、がむしゃらに突き進んだそうですが、相手もプロ、そう簡単には逆転できません。結局、負けは負けです。

気力を尽くした果てのグッタリ感になん日も襲われ、次の対局にも万全の体調では臨めなくなる……だったら深手を負うのではなく、軽傷で負けて、次にがんばろうと。そう考えられるようになってから気持ちが楽になったそうです。敗因は分析するけれども、すぐ忘れるように心がけているといいます。

これができるようになってから、気持ちのコントロールがうまくいくようになり、年間を通しての勝率も安定し、「いつも同じペース」という奥義も身についたとのことです。

私たちにしても、負け試合は少なくありませんね。ライバルに負け、目標を達成できないこともあり、赤字を経験することもあり、ときには泣きたくなるような憂き目も味わいます。また、形勢逆転を狙ってがんばって、かえって苦しい状況に追い込まれてしまうこともあります。そんなことを繰り返していたらいずれエネルギーが尽きて、「やる気」も失ってしまいます。

人生は、「一歩下がって、二歩進む」――ぐらいの心構えでいるのがいいように思います。そうやって自分のペースを守ることがゴールに到達する一番の近道です。

仕事に負ける、上司に負ける、ライバルに負ける――そういうこともあると覚悟するのがいいのです。勝つことばかりにとらわれている人は、ひとつの敗北をきっかけにすっかり「やる気」をなくし、ずるずると負け続け、もう二度と立ち直れなくなってしまうのです。

上手に負ける方法を知っている人のほうが、粘り強く闘っていけます。その世界で長く活躍できるのです。

●焦ると、「やる気」が空回りする

仕事へのやる気がありあまって、かえって空回りすることがあります。

さあやるぞ……とばかりに、たくさんの仕事を抱え込み、「あれもやらなければ、これも早く」と気が焦るばかりで、収拾がつかなくなります。

結果的には、慌ただしく動き回っているわりには、抱え込んだ仕事はみな中途半端のまま放置され、周りの人たちに迷惑をかけることになります。

このタイプの人は、とても快活で積極的に行動する人のように見えます。

椅子から立ち上がっては、コピーを取りにいったり、どこかの部署へ打ち合わせにいったり、コーヒーを飲みにいったり、同僚のだれかに話しかけたり、何かの資料を取りにいったり、と、とてもマメに活動するのですが、その大半は、特別いましなくてもいいような場合がほとんどです。

また、仕事中にしばしばおしゃべりに耽《ふけ》り、自分の仕事が遅れるばかりか、相手の都合を考えず一方的にしゃべりまくるからヒンシュクを買うこともあります。静粛にしていなければならないような会議の席とか、上司がスピーチしているときに、大きな笑い声を上げて周囲から白い目を向けられることもあります。

こう述べてくると、いかにもダメ社員のように思えてきますが、じつはこれも気が焦るばかりで、「やる気が空回りしている」からです。

先ほどの「無暗にあせってはいけません。ただ牛のように図々しく進んで行くのが大事です」を思い出してほしいものです。

■あれもこれもと手を出さないこと（過剰な競争心を持たない）。

■できもしない仕事を抱え込まないこと（過剰な功名心を持たない）。

……これが、「やる気の空回り」を防ぐ手立てだろうと思います。

気が焦ってきたときには、一度立ち止まって、心の中を空白にしてください。深呼吸をして、のんびりとした気持ちになるのがいいのです。そうすれば、いま何をしなければならないのか、物事の優先順位が見えてくるはずです。

●「じっくり取り組む」から、ぐんぐん伸びる

焦ると、うまくいくこともうまくいかなくなります。

たとえば病気です。とくに成人病と呼ばれるようなものは長い間、ときには一生つ

き合っていかなければならないものも多いのです。

もちろん、早く治したい、早く健康な体を取り戻したい、という患者さんの気持ちはわかりますから「病気は長年つき合っていく友だちだと思って、気長にやっていきましょうよ」と、患者さんの気持ちをなだめます。病気を治すのも「いつもと同じペース」で、ゆるゆるとやっていくのがいいケースがたくさんあるのです。

ときに、焦りから暴走する患者さんもいないではありません。何をするかといえば、自分で勝手に「治った」と自己診断して、薬を飲むのをやめて、病院へもこなくなります。「病気がよくならないのは、医者がヤブだからだ」と、次々と病院を変えていく人もいます。

仕事の場でも、つい私たちは、早く実績を出したい、早くライバルを出し抜きたい、早く出世したい、と、知らず知らずに気持ちを焦らせてしまうものです。

「こんなくだらない仕事なんてやってられない。自分の実力に見合った、もっと高度な仕事をやりたいものだ。あんな上司の下では、思うように能力を発揮できない」と、繰り返し異動願いを出したり、転職ばかりしている人もいます。

早く思うような仕事をしたいと、焦る。しかし何か物事を成し遂げるためには、ひとつの場所で、じっくりと取り組んでいくほうが近道のように思います。

「落ち着いて仕事に取り組める場所を早く見つけたい」ということかもしれませんが、いまとは違う部署や会社へ移っても、また同じような不満が生まれて、また別の場所へ身を移したくなるのではないでしょうか?

庭に植えた植物の花つきが悪い。これは土壌が悪いのかと、別の場所へ移し植えて、かえって花を枯らしてしまうことがあります。

自分の中にある花をもっと美しく咲かすことができるところがあるはず……そう思って別の場所に移し植えたのに、自分を枯らしてしまうという皮肉な結果となる。そうならないでしょうか?

もし、いまの会社に三年いたとすれば、この三年間で、あなたにはたくさんの社内情報が身についています。社内の人間関係もわかり、会社の長所や弱点もわかっています。あるいは、営業四課の課長が来年は定年を迎え、ポストがひとつ空く、といったことまで。

それだけでも、あなたは「とても活動しやすい環境」にいるのです。この環境を捨てて転職すれば、新しい会社でまた「新たな環境づくり」から始めなければなりません。そこで、すでに三年のハンデを背負うことになります。せっかく転職したのになかなかうまくいかないといった話をよくききますが、その理由はこういうところにもあると思うのです。

少々の不満はあっても、焦らず騒がず、じっくりと仕事に取り組むほうが、やがて咲き出す花もあるように思うのです。

●「やる気」が長続きするキーワードは「楽しみながら」

やる気を長続きさせるためのポイントは、「楽しみながらやる」ということです。

「つらい思いをしながら」では、それがいくらいいことでも、うまくいきません。

「ダイエットが長続きしない」という人は少なくありません。

ダイエットをする人は、「食べないでやせる」と、「体を動かしてやせる」というふたつのタイプに分かれますが、ダイエットに失敗する人のほとんどは前者です。「体を動かす」ほうがいいのはわかっていても、「時間がないし、めんどくさそうだし、かったるそうだし」という思いから、もっと手軽にできそうな「食べない」ほうをたいがいの人は選択します。これが失敗の元です。その理由は、「食べない」というのは肉体的にも精神的にもつらい。人間、つらいものは長続きしないからです。

この「食べないダイエット」をきっかけに、かえって太ってしまう人もいます。朝食は抜いて、お昼ごはんもサンドウィッチひときれで、がまんする。夕方近くなると、お腹が減って、つらくてどうしようもなくなってくる。

いずれ、がまんの限界がくると、から揚げだとかピザだとか、油っこいものばかりを食べ、結局その日一日のトータルで計算すればカロリーオーバー。その反省から、翌日の朝食を抜き、お昼はヨーグルト一個。しかし夜になるとまたがまんできなくなって、どか食い。そういう食習慣が身につき、やせるどころか太るというストーリーになります。

また、夜寝る前にどか食い、という人もいます。就寝前のどか食いは脂肪として体内に残りやすく、胃を悪くする原因ともなるから注意したいものです。

その意味でいえば、体を動かしてやせることを目指すほうが長続きします。

ふだん運動不足の人がウォーキングや水泳を始めるのは、当初は「面倒、かったるい」と抵抗感があるかもしれませんが、汗を流すと爽快感と楽しさを味わえます。それに気づけば、おのずと長続きするものです。

私は、やせたいという人には、「一日三食、できるだけ決まった時間に、しっかりと食べることですよ」といいます。すると「しっかり食べたら、やせられないんじゃないですか」と、返されます。そこで、「しっかり食べた分、体を動かせばいいんですよ」というのですが……。

食事も楽しい、汗を流すのも楽しい……楽しいから長続きする。これはすべての人に通じる真理でしょう。

仕事でも勉強でも、嫌々ながらでは、途中で投げ出したくなって当然です。けれども、ひとつでもふたつでも、そこに楽しみを見つけることができれば続けていけます。仕事はつらいかもしれない。しかしつらいことがある中にも、ひとつだけ楽しいことが見つかれば、それを求めて夢中になれます。「夢中な人」には、だれも敵《かな》いません。この人はパワフルで、打たれ強く、粘り強いのです。どんな障害物も、蹴散らしてしまいます。

私がこの章でいいたかったことは、自分の目標を定めたら、その目標に向かって「やり続ける」ことの大切さです。時間はかかっても、ずっとやり続けてほしいのです。そのために、「五つの提言」をしました。

「自分を責めない」「反省しない」「マイペースで」「焦らない」「楽しみながら」の五つのキーワードを述べましたけれども、この根にあるのは、冒頭で紹介した「牛のように図々しく進む」ことの大切さです。

やり続けていく途上には、さまざまな障害が立ちはだかることもあります。人から批判されることもあれば、何回かの失敗で気持ちがへこむこともあると思います。けれども、「牛のように図々しく」なのです。そういう覚悟をもって進んでいけば、「やる気」がなくなることもありません。

●急に「やる気」がなくなってきたら、「うつ」を疑う

最近急に、集中力がなくなった。何か始めてもすぐに気分が滅入ってきて、長く続けていられない、という人がいます。

この人は念のため、心の病、とくにうつ病を疑ってみるほうがいいでしょう。

■仕事にしてもそうだし、人と話をしていても途中で会話を打ち切って席を立ち上がりたくなってくる。

■以前は、時間が経つのも忘れて熱中できた趣味にも、まったく面白味を感じなくなり、十分もがまんできずに投げ出すことがある。

このような症状の人は、自分の生活を振り返ってみてください。また、こんなことはありませんか。すべて、うつ病の初期症状です。

■最近、働きすぎだ。ろくに休日も取っていない。

■仕事への強いプレッシャーを感じている。ストレス過剰の状態である。

■自分の将来に自信がもてない。こんな自分で、家族に申し訳ないと思う。
■気持ちが落ち込む。ときどき死にたくなることがある。
■食欲がない。性欲が出ない。体重が減った。
■物忘れをするようになった。人に会って、話をするのが億劫だ。

「朝までぐっすり眠れない」というのも、うつ病の典型的な症状です。うつ病の初期症状としては、比較的寝つきはいいが、夜中に何度も目が覚めたり、一度目が覚めたらそのまま朝まで眠れない、と訴える人が多いのですが、症状が悪化していくにつれて寝つきが悪くなり、しかも夜中にも目が覚める、ということになってきます。日常生活においては、まずは休日には仕事のことは一切忘れるようにして、しっかり休養を取り、できるなら残業なども少し減らすようにしてください。

「でも、しなければならない仕事が溜まっていて」という人もいるでしょうが、だからこそ病院へきて、医者の診断書と指示があれば、職場の上司などへも相談しやすくなるでしょう？　くれぐれも御身大切に。健康であってこそ、「やる気」も生まれ、働き続けていけるのですから。

うつ病ではなくても、ストレスが溜まってくると「寝つきが悪くなる。途中で目が覚める」と訴える人も多いですが、その対処法についても簡単に述べておきます。

寝つくときにも、夜中に目が覚めたときにも、「眠らなくては、眠らなくては」と、あまり焦ってはならない。その焦りが、眠りの邪魔をするのです。「ひと晩眠れなくたって、死ぬわけじゃない」と、大らかに構える人のほうが、眠りに近づけるものです。

眠れないからといって、何度もトイレへ立ったり、電灯をつけて本を読んだり、リビングへいってテレビを見る、というのも禁物です。それがきっかけとなって生活のリズムが乱れ、昼間は頭がぼんやりし、夜になると頭が冴えてくるという、おかしな生活習慣が身につくこともあります。

そしてやはり、ストレス過剰の生活を見直して、「がんばる」と「休む」のバランスのいい生活を送っていくことが、何をやるにしても「長続きする」生活習慣ともいえるのです。

この章の「まとめ」

■「自分を責めない」「反省しない」「マイペースで」「焦らない」「楽しみながら」をキーワードに、牛のように図々しく進む。

■失敗したら、「あれはもう、昔の話」と割り切って忘れるようにする。この習慣が、自分がのびのびと活動するための「下支え」となる。

■「やる気が出ない」ときも、やるべきことはたんたんと続けよう。気分本位で「やめる」のではなく、行動本位の自分を強く意識してみよう。

■「絶対に、やろう」と自分にプレッシャーをかけると「焦り」が生まれ、いくら「やる気」があっても空回りするばかり。ストレスが増大し、長くは続かない。

■何をやっても長続きしないのは「意志が弱いから」「こらえ性がないから」、というのは表面的な言い訳。ちょっとの工夫で、「やる気」は持続する。

第2章
「やる気が出ない」を克服する

●「ここぞ」というときに限って、なぜ「グズになる」のか

締め切りが迫っているのに、仕事がまだ山のように残っている。ごはんを食べる暇もない、トイレへいく時間さえ惜しい。まさに、尻に火がついた状態。

ところが、意味もなくケータイのメールチェックを始めたり、週刊誌を眺めたり、同僚とのバカ話に耽ったり、ボーッと外を眺めたり、ずるずるとすごしてしまうことがあります。そんな暇はないはずと頭ではわかっているのに、どうしても仕事が手につかないのです。

その原因は……精神的に強いストレスがかかると、そういう状況から「逃げ出したい」という心理が働くからでしょう。

■社長も出席する大事な会議の時間が近づくにつれて気持ちはソワソワ、職場から逃げ出したくなる。

■せっかく出世をうらなうような大きな仕事を任されたというのに、辞退する。

■好きな異性とふたりだけになれたときに限って、「ちょっと用事がある」と嘘をついてまで、その場から逃げ帰ってしまう。
■受験生が、あしたは試験という夜になると、いつもはあまり見ないテレビをボーッと見続けてしまう。

いずれにしても、「ストレスから逃げ出したい人」の行動です。

ストレスは、人のやる気を奪い、集中力を鈍らせ、誘惑のささやきをして、まったく関係ないことへ関心を向かわせてしまいます。

大事なときになると「グズになる」というのは、仕事に対して責任感に欠けるといった人ではありません。むしろ、まじめで誠実な人ほど、こういう状況に陥りやすいのです。まじめで誠実であるだけ、心にかかるストレスも強いからでしょう。

月末になると原因不明の腹痛に悩まされて、会社にいけなくなる患者さんがいました。月が変わると、嘘のように腹痛の症状がおさまるが、その月の末が近づくと、またお腹が痛くなるのです。嘘をいっているのではありません。

営業成績が上がらないと月末の会議の席で上司にひどく叱られ、以前、耐えられないほどののしられたこともあったそうです。それがトラウマのようになっていて、「月末が怖い」らしいのです。心のストレスが月末になるにつれて高じて「原因不明の腹痛」という症状になって出てくるのです。

上司から叱られないためには、職場へいって、取引先へ電話をかけまくって、たくさんの商談の約束を取らなければならない、と頭ではわかっているのですが、お腹が「会社へいくのは嫌だ、嫌だ」と悲鳴を上げているのです。

これが、「大事なときにグズになる」の正体です。まじめで責任感の強い人ほど、結果的に「グズグズしてしまう」のです。

ここは「嫌だ、嫌だ」と逃げ腰になるのではなく、締め切りがなんだ、営業成績？知っちゃいないや……と、心の中で「図々しさを醸成」してください。ふだん通りのモチベーションで仕事に臨めるようになります。

もし大きなストレスに襲われて嫌で嫌でたまらない気分になったら、心の中で「私の知ったことじゃなーい」と叫ぶ。あるいは、「勝手にしやがれ！」。

そうやって、「自分へのプレッシャー」となるものを突き離してしまうことは、同時に、「自分のペースでやる」ということであり、これが「図々しく進む」ということのように思います。ストレスに負けそうになったら、ぜひ試してほしい。「グズグズしてしまう」ことはなくなり、行動本位の自分を実感できると思います。

いずれにしても、プレッシャーの前で「嫌々ながらの対応」をすることが、いちばんよくないのです。強い気持ちで、押し返してください。

●あと一歩のところで、なぜ尻込みしてしまうのか

「あと一歩のところ」へきて、強い緊張感とストレスにさらされ、つい、「逃げ言葉」を発してしまったことはありませんか。

あとひと押しすれば商談成立というところで、「まあ、ゆっくり検討してみてください。そう急がなくてもいいですから」と自分のほうからトーンダウンする。

会議の席で、上役たちは自分の提出した企画に興味津々の様子なのに、「やっぱり

ダメですよね。もういいです」と否定的なことをいって、自分から引っ込める。

ここでがんばればヒーローになれるというのに、「あとは同僚の○○君がやってくれますから。ぼくの役割はここまでですから」と、ヒーローの座を渡してしまう。

あともうひと押し、あと一歩というところまできているのに尻込みしてしまう……この人を、勇気がない、度胸がない、などと非難してはいけない。

将棋の羽生善治さんは最終盤になると駒をもつ手が自然と震えてくるというし、プロ野球でも「あと一本で新記録」という段階でスランプに陥ってしまう選手がよくいます。真剣になって事に臨んでいるからこそ、詰めの段階に差しかかると、そこから逃げ出してしまいたくなるくらいの緊張感を覚えるということなのでしょう。

大リーグのイチロー選手は、こういっています。「胸がドキドキするくらいの緊張感ある場面に立てるのは一流選手の特権」なのであり、その「緊張感を楽しむよう心がけている」と。

あと一歩の場面に立って、手が震えて心臓がバクバク高鳴ってきても右往左往するのではなく、「いよいよ面白くなってきた」と自分にいい聞かせてみてください。「こんなにシビレる場面に、いま自分は立っているのだ。なんという強運！」と、ありとあらゆるプラス思考を自分の身に浴びせかけてみてください。

ひと踏ん張りして、壁を乗り越えることができれば、あとはスーッと楽に流れていくものです。壁を越えられたという自信も得られ、次にまた壁に直面することがあっても、動揺することなく対処できるようになります。

しかし壁の前から逃げ出してしまった人は、壁に直面するたびにまた同じような失敗を繰り返すことになる。逃走は癖になるのです。

自分に期待し、緊張と戦いながら「ひょいと乗り越える」。ここぞというときに勝負強い人は、プレッシャーの「楽しみ方」を知っているのです。

イチロー選手はシーズン途中で、マリナーズからヤンキースに移籍しました。その理由は下位球団のマリナーズにいては、シーズン終盤に向かってのモチベーションが上がらない、ということのようです。ヤンキースに移って優勝争いをするポジションに立つことによって、自分の「やる気」を奮い立たせようとしたのでしょう。「シビレる場面を楽しみたい」、イチロー選手らしい決断ですね。

●「きょうは天気が悪い」だけで、なぜやる気がなくなるのか

「きょうは雨。これじゃあ、仕事のやる気が出なくてもしょうがない」

「ジャイアンツが負けちゃったよ。ダイエットはサボってもいいや」

「テレビでやってたきょうの運勢が悪かったから、きょうのジョギングは中止ね」

「電車の中で足を踏まれたから、英会話の勉強は中止にしよう」

まったく筋が通っていない話だけれども、似たような体験は私にもあります。

なぜ雨がふると、やる気が出なくてもしょうがないことになるのか、なぜジャイアンツが負けると、なぜ足を踏まれたら、なぜきょうの運勢が悪かったら……。

きっと私たちの耳元には小さな悪魔が棲んでいて、「いい口実ができたじゃないか。怠けられるよ。楽ができるよ」と誘惑しているのです。

悪魔のささやきは、「引き」が強く、「負けないぞ」と気合いを入れて立ち上がってみても、「やっぱり負けちゃってもいいかな」とまた気持ちがぐらつきます。

ここは、精神論で闘っても負けてしまいます。「なるほど。ここでひと踏ん張りして、やるべきことを続けていくほうがいいのだな」と納得できる具体的で実証的なものが必要なのです。

私は、こんなとき、次のようなことを心がけるようにしています。

■できるだけ具体的に損得勘定をしてみる。

■「やるべきこと」のプラス面を見つけて、感謝する。

「悪魔の誘惑」は、一時的な感情です。必ず後悔を引きずることになります。その「後悔」の内容をできるだけ具体的に頭の中に思い浮かべてみるのです。

「いま仕事を怠けたら、週末にやらなければならないことが山のように溜まって、休日返上しなければならなくなる」

「ここでまた好きなだけ食べてしまったら、一キロの体重を減らすためにまた死ぬほどの思いをしなければならなくなる」

一方で、いまここでひと踏ん張りできたときのことも想像してみます。

ジョギングのおかげで体が軽く、おいしく食べられ、夜はぐっすり眠ることのできる自分を。外国旅行へいったときに、現地の人と楽しく語らっている自分を。

　こうして比較してみれば、どちらが損か得かはすぐにわかります。自然とあなたならできる、あなたはすごい、という「天使の励まし」の声が聞こえてくるのです。

●自分に「いい暗示」をかけると、「天使の励まし」が聞こえてくる

　気持ちのもち方ひとつで、粘り強くがんばることもできれば、何をやっても中途半端に終わることにもなります。

　いまトップアスリートと呼ばれる人たちのほとんどが取り入れているメンタルトレーニング。この方法の中で私が興味深く感じるものに「ものの捉え方」があります。

「きょうは雨だ」という現象を、どう捉えるか。

「雨だから実力が発揮できない。きょうの試合は不利になるだろう」と捉えるのか。

　それとも、

「雨だから相手は実力が発揮できないだろう。チャンス到来だ」と捉えるのか。

どちらにも理屈があります。正しいのはどちらともいえないが、捉え方によっては試合の結果は違ってくるだろうことは容易に想像がつきます。

「雨だから実力が発揮できない」と捉えてしまえば、その時点でモチベーションが下がり、試合結果はおそらく惨敗です。

雨を「チャンス到来だ」と捉えられることができれば、やる気も盛り上がり、実力以上の力が発揮でき、試合結果もいいものになるはずです。

要は、勝負のゆくえはその人の捉え方次第なのです。

あらゆるものにはマイナス面とプラス面があります。そのプラス面をいつも見つけ出せるような「心のトレーニング」を行うことも持続力を養うコツのように思うのです。

「きょうは雨」だから、落ち着いて仕事に集中できる。恵みの雨だ。

「ジャイアンツが負けた」、これできょうはお祝いの乾杯をしなくていいから、ダイエットになる。たまには負けてもらうのも悪くないな。

「きょうの運勢が悪かった」から、ジョギングして、汗を流して、気分転換をしよう。おかげで体を鍛えられるのだから、運勢が悪いきょうという日に感謝。「足を踏まれた」から、きょうは勉強がはかどりそうだ。ちょっと痛いけど、ありがとう。

人間の脳は、とても暗示にかかりやすいのです。このように考えるトレーニングを続けていくうちに、意識しなくても自然に物事のプラス面ばかりを見つけ出せるようになります。そうなったら、どんなことが起こっても、それは「天使の励まし」としか思えなくなります。

パナソニックの創始者・松下幸之助さんは、実業界で成功できたヒケツを「家が貧乏だったこと。学歴がなかったこと。体が弱かったこと」と答えました。

「貧乏だったから、ハングリー精神を燃やして事業に乗り出すことができた。貧乏よ、ありがとう」

「学歴がなかったから、大学出に負けじと、一生勉学に励むこともできた。学歴がなかったことに、ありがとう」

「体が弱かったから、日頃から健康に注意して、元気に仕事に打ち込むこともできた。体が弱かったことに、ありがとう」

このようにプラス思考でものを捉える心の習慣があったからこそ、長きに渡って事業に情熱を燃やし続けることもできたのでしょう。

あらゆることに対して「ありがとう」という習慣をもつことは、やりたいことを長く続けてゆくコツです。

マラソンの高橋尚子さんは現役時代、三十五キロすぎの、マラソンでもっとも苦しい時期に差しかかったときには、「監督さん、ありがとう。コーチのみなさん、チームメートのみんな、感謝しています。みんなのおかげで、いまがんばれています」と、感謝の言葉を心に念じるようにしていたといいます。

「ありがとう」ということで、自然に足が軽くなるように感じたそうです。

「上司よ、恩師よ、同僚よ、ありがとう。家族よ、いつも感謝してますよ」

感謝することで、身も心もタフになっていきます。

不満ばかりいっている人は、タフになれません。うまくいかないから、また不満が募り、永久にタフになれないのです。だから、何をやっても長続きしないのですね。

●すぐに「仕事モード」に切り替える三つの方法

新入社員だった頃は、朝、職場のデスクについた瞬間からやる気満々。ところが仕事に慣れてくるとエンジンのかかりが遅くなっていきます。さて、どうするか？

■「声を出す」ことから仕事を始める。

■「脳トレ」から仕事を始める。

■「深呼吸」から仕事を始める。

これが、私の提案です。

デスクについても仕事に手がつかず、コーヒーを飲んだり、隣の同僚と世間話をしたり、必要もないのに手帳をパラパラめくったりして、なんとなく時間をすごす。やっとやる気モードとなったのは、二時間近くも経ってから。日によっては、やる気になったら、もう昼休みということもあります。

こういう仕事の進め方は癖になります。お昼休みからデスクへ帰ってきても、またなかなかエンジンがかからずに、やる気が出てくるのは夕方の五時をすぎてから。こうなると毎日が残業、いつも昼間はボーッとしているという働き方となり、気づいたらすっかり習慣化しています。

夜更かしと同じ。夜更かししただけ、朝起きられず、朝寝坊しただけ、夜眠れなくなり、やがて夜と昼とが逆転した生活になっていきます。

できることなら若い頃のように、デスクにつくと同時にやる気モードに入り、先手を取って仕事を進め、残業はせずに、アフターファイブは自己啓発の勉強や、家族サービス、またリラックスタイムに充てる、という生活を送りたいものです。

そのためには、朝、職場に入ったら、元気よく「おはよう」と挨拶をすることです。「何を小学生にものを教えるようなことを」と叱られるかもしれませんが、「声を出す」ことが脳を活性化させることは証明されています。

職場に入ったら、まず朝の挨拶をして回る。声を出せば出すほど脳が活性化され、デスクについたときにやる気モードですんなりと仕事へ入っていけます。

朝、出がけに五分から十分程度、自宅で新聞の朗読をするのもよいでしょう。

デスクの傍らに、脳トレ用の計算ドリルを置いておき、仕事を始める前に二、三分、没頭する……これも脳の、いいウォーミングアップになるでしょう。

試合前に入念にウォーミングアップするから、スポーツ選手は、ホイッスルが鳴るのと同時に全力で臨むことができます。脳トレドリルにも、同じ効果があるのです。

この脳のウォーミングアップを習慣化するようになってから、仕事を終えてからの疲労感も少ないように感じるというから、試してみる価値はありそうです。

脳を活性化させるという意味では、深呼吸も効果があります。

深呼吸を三分程度繰り返すと、とくに脳の前頭葉《ぜんとうよう》の血流が盛んになります。

前頭葉は、人のモチベーションをつかさどっている部分であり、ここを活性化させることでやる気が湧いてきます。

要は、「やる気」というのは、黙っていても自然に湧き出してくるというものではありません。自分から引っ張り出してやるものなのですから、自分なりに工夫してみることが大切です。

朝から元気いっぱいの人、タフな粘り強さが身に備わっている人というのは、生活の上で色々な工夫をしています。あまり公言するようなことでもないから、周りにいる人たちは知らないでいるだけのことのように思います。

●騒音の中にいても、「やる気」をなくさない

ちょっとした物音で集中力が削がれる、という人がいます。中にはイライラが高じて、「うるさい！」と怒鳴り出す人もいますね。

職場は、物音だらけです。電話の音、同僚社員の話し声、何かが床へ落ちる音、パソコンのキーボードを叩くカシャカシャという音。寺の禅道場のようにはいかない環境です。こういう騒音の中で働いていくためには、もう「気にしない」しかありませんね。

まったく騒音を気にしない人がいます。仕事中に近くで同僚たちがはしゃいでいても怒り出すどころか、「何がそんなにおかしいの」と話題に入っていくぐらいの心のゆとりがあります。

近くでテレビが映っていても平気で、「この人、最近マスコミを騒がしているよね」などと仕事から手を離してチラッと見ますが、集中力が途切れてしまう様子もなく、またすぐ仕事に戻っていきます。

要は、気にするから気になる。気にしなければ、気にならないのです。

なんだか禅問答のようですが、身近な騒音をまったく苦にしないこの知人などは「気にしていない」のです。

なぜ気にしないで済むのかといえば、「気持ちにゆとりがある」からでしょう。ふだんから心にストレスが溜まらないように生活を工夫しているから、ともいえます。

物音が気になって仕事に打ち込めないという人は、この逆から遡って考えてみてほしいものです。

ストレスが溜まっている→気持ちにゆとりがなくなっている→ちょっとした物音で集中力が途切れる、という構図が見えてくるのではありませんか?

受験生がちょっとした物音に過敏なのは、プレッシャーからストレスが溜まり、気持ちにゆとりがなくなっているからです。

ある職場の上司は、役員室に呼び出されて小言をもらってきたときには、必ず「うるさい。静かに仕事をしろ」と部下たちを叱り飛ばすそうですが、これも、さぞストレスが溜まっているからでしょう。

ですが、「君の活躍は私の耳にも届いていますよ」と、おほめの言葉を頂戴して職場に戻ってきたときは、どんなに騒々しくても上機嫌。気持ちにゆとりがあるから、職場が春の楽園のように見え、雑音も小鳥の囀《さえず》りのように聞こえるのでしょう。

「職場の物音が気になって」と訴える人は少なくありませんが、そんな人でも「道を歩いているときの騒音」を気にする人はいません。道を歩いているときは、気にならないのです。また歩いているときは、精神的にもリラックスしているからでしょう。

一方、職場は色々な意味でストレスが渦巻いている場所で、気持ちもピリピリとしています。物音が気になるのは、それを受け止める、私たちの「心の状態」に強く影響されているのです。

「うるさい！」と怒鳴りたくなったときは、自分の心がストレス過剰になっている証しです。生活を振り返るいい機会にしてください。

●自分の「よくない評判」に、がぜん「やる気が出る」

職場でのヒソヒソ話が気になって集中力が削がれる、という人もいます。この人もまた、「気にしているから、気になる」のです。

何を気にしているのかといえば、自分の評判です。「あんなやつ、いてもいなくても同じようなものだ。ジャマだから、ここから出ていってほしい」などと思われているのではないかと心配なのでしょう。

なぜかネガティブなことばかりが気になるものですが、じつはこれは「人からよく思われたい」という願望の裏返しです。

よく思われたいから、「よく思われていないのではないか」と心配になります。いっそのこと、「ダメ社員というなら、勝手にいっていろ」と思ってしまえば、自分の噂など気にならなくなるはずです。

人の視線が気になってしょうがない、職場でだれかが自分を見ているような気がしてしょうがない、という人もいます。

ですが、同僚たちはみな仕事に没頭していて、自分を見ている人間などだれもいません。これも「気にしている」証しであり、その裏には「よく思われたい」という意識がひそんでいるのですね。

この噂や視線を気にする意識があまりに強すぎると、「視線恐怖」「対人恐怖」といった心の病気になることがあります。

人の大勢いるところに身を置くのがつらく、体が震えてきたり、めまいを起こしたりします。上司に名前を呼ばれただけで心臓がドキンとし、相手とちゃんと目を合わせて話をすることもできなくなります。何か話そうとすると、体じゅうから汗が吹き出し、口ごもったり赤面してしまったりもします。出勤することもつらくなって、ひどくなると家から外出することもできず……こうなると、病院での診療が必要になります。

噂話や視線を気にするのは比較的、若い人に多いのですが、それは若い人ほど「自分がどう思われているか」が気になる年代だからです。また羞恥心や虚栄心といったものも、若い人ほど強いですね。ベテラン社員がもっている「図々しさ」が身に備わっていないのです。

あるサッカー選手は、敵地の観客からブーイングを浴びせられると、俄然やる気が出てくるといいます。「ブーイングを浴びせられるのは、自分が注目されている証し。自分も、憧れのスター選手の仲間入りができたのだ」と、考えるそうです。

こういう「図々しいほどの、身勝手な発想」をするのも、能力のひとつです。

出る杭は打たれるといいますが、出ない杭にはだれも注目しません。打たれる杭でいるほうが、誇らしいでしょう?

女優さんというのは、人に見られることで、いっそう美しくなっていくそうです。あなたも人に見られて、いっそう立派なビジネスマンになっていくに違いありません。そう考えればビクビクすることもなくなり、「もっと私を見てよ。注目してよ」と、人の視線を歓迎する心境になれると思います。

私が敬愛する先輩の医者は、困ったことに直面すると、「能天気に、図々しく、自分に都合よく」とつぶやいて自分を励ますそうです。参考にしてください。

●上司に「がんばれよ」と励まされると、キレそうになる人へ

上司から「がんばれよ」と励まされて、かえって腹が立った……という人はいませんか？　それは、日頃のストレスからそうとう心が弱っている証しです。弱っているからイライラし、ちょっとしたことにも過敏に反応してしまいます。

察するに、あなたはこんな気持ちになったのでしょう？

「ウルサーイ。いわれなくたって、がんばっているじゃないか。見りゃわかるだろう。これ以上、どうがんばれっていうのか。バカ！」

あるマラソン選手によると、体力的に余裕のあるときに沿道から「がんばれ」と声をかけられると、「よし、もうひと踏ん張り」と気持ちが盛り上がるそうです。

ところが、いっぱいいっぱいの状態のときに「がんばれ」といわれると、かえって頭に来て、「私は苦しいの！　お気楽に、がんばれなんていわないでよ」と、心の中で悪態をつく、といいます。

それと同じで、上司から「がんばれよ」と励まされて、「はい、お任せを」と張り切って答えられるのは、心身共に元気である証しなのです。腹が立ってキレそうになるのは、いっぱいいっぱいの状態になっているからです。

そんなときは上司に逆らって、「がんばらない」ことが大切になります。

きっと体は疲れきり、日頃のストレスから精神的にボロボロという状態なのでしょう。まず休養し、ストレス解消に努めることが大切です。

心身に元気が戻ってくれれば、「がんばれよ」「ガッテンです」と笑顔で答えられるようになるのです。もちろん仕事も、楽しく続けられます。

●あんなダメ上司のもとでは、やる気が続かないだって!?

仕事へのやる気が持続しないのは、何も自分だけが悪いからではありません。人は周りの環境に影響されやすい生き物であり、ダメ上司のために、やる気が続かないこともあるでしょう。

「優柔不断な上司」
「方針がころころと変わってしまう上司」
「怒ってばかりで、ほめてくれない上司」
「部下のいうことに耳を貸さない上司」
「部下の手柄を横取りする上司」
「部下を子供扱いする上司」

……こういう上司のもとでは、モチベーションを保っていくのは難しいでしょう。

やる気をふるい起こしたとしても、ちょっとした上司のひとことでキレそうになり、「もう、嫌だ」という気持ちになっても仕方ありません。

ですがダメ上司と共に、ダメ社員になり果ててしまうのも、癪《しゃく》に障るではありませんか。

こんな発想の転換をしてみたら、どうですか？

ダメ上司のおかげで自分は日々、精神的に鍛えられている。あと何年か、この上司のもとで働くことができれば、自分はだれにも負けない、筋金入りのビジネスマンに成長しているに違いない。ダメ上司のおかげで有能な社員になれるのだ、と。

そう考えて、ダメ上司のもとであっても、せっせと働く。

実際に、やり手の上司のもとでは、有能な社員が育たないケースも少なくないそうです。理由はいくつかあります。

やり手の上司は、自分が実績を出すことに夢中で、部下の指導には熱心ではない。自分がいくらがんばっても、やり手の上司はそれ以上の実績を出すから、目立たない。

やり手の上司は往々にして部下の手柄を横取りする。部下に対してもライバル心を燃やし、部下の仕事に横槍《よこやり》を入れることもある。

こうなると、ダメ上司のもとにいるほうが幸せに思えてきますね。

逆にいえば、ダメ上司のもとでは、ちょっとがんばっただけで、目立つのです。

ダメ上司の実績を上回ろうものなら、脚光を浴びます。

そういう楽しみを心の中に植えつけるのがよいと思うのです。

困ったときには、逆転の発想をしてみる。必ず、いい面が見えてくるはずです。いい面が発見できれば、やる気が生まれ、長続きもできます。

さて、この章も最後になりましたが、ここで私がいいたいことは、部下はもっと上司対策を考えたほうがいいということです。

組織図を見れば、課長の下に部下が配置されていますから、課長の命令で部下が動くのは当然です。けれども、部下がまったくの「受け身」になったのではストレスがたまるばかりです。

たまには、部下の要望で「課長を動かす」方法などを考えてみてもいいと思います。「先方との次の会議には、課長も出席してください」と、強引に課長を引っ張り出すといいと思います。先方も「課長の顔見せ」で安心しますし、交渉もスムーズになるでしょう。それだけでも、部下のストレスは少し軽減されます。

このような部下主体の「上手な上司活用」を続けていると、この上司と部下には、いい関係ができあがってきます。上司といい関係になる――これも有効な「やる気が持続する方法」であることは間違いありません。

この章の「まとめ」

■仕事に対して責任感が強く、まじめで誠実な人ほど、大事なときに「グズになる」傾向がある。「やる気」が、プレッシャーに押しつぶされてしまうから。

■プレッシャーの楽しみ方は、「いよいよ面白くなってきた。こんなにシビレる場面に立っている自分は、なんという強運の持ち主だ」と、考えること。

■あらゆることに、プラス面とマイナス面がある。どんな状況に追い詰められても、その「プラス面」を見つけ出すための「心のトレーニング」をしよう。

■「前頭葉」を活性化させると、モチベーションが上がり、「やる気」が出る。脳にエンジンをかけるには「声を出す」「脳トレ」「深呼吸」が効果的。

■仕事場で「自分はどう思われているのか」が気になったら、かなりのストレスが溜まっている。「どう思われてもいい」と思ってこそ、活力が出る。

第3章

「めんどくさい」を乗り越える方法

●働くことが「めんどくさく」なったときの、こんな対処法

働くことがめんどくさい、会社へいくのもめんどくさい、上司の呼びかけに返事をするのさえ億劫《おっくう》……と、そんな気持ちになったときはありますか？

ひとつの職場で長く働いていると、年に何度か、多い人であれば一日に何度も、こういう思いになるかもしれません。体を動かすことさえめんどくさい、何をするのも億劫だ、と。

たとえば、体調的に。私も、風邪気味で熱っぽいときなどはもちろんですが、健康なときでも午後一時から三時ぐらいまでの時間帯というのは、なんとなく体が重く、頭がぼんやりして、何をやるにも億劫だ、という感じになることがあります。

また、仕事にマンネリ感を覚えるとき。毎日同じようなことの繰り返し、職場で顔を突き合わせて働く上司も同僚も同じ、そのうちに、「退屈だなあ」という気持ちになる人も少なくないでしょう。

しかし、ちょっとした「発想の転換」をしてみるだけでも、この「めんどくさい」という感情はずいぶん軽減します。それ以上に、新たなやる気も見つかります。

まず、「何をやるのもめんどくさい」という気持ちになる原因を列挙しておきます。

①やりたいことができない。やりたくないことをやらされる。
②実績を上げても、上司や他部署の人間に手柄を横取りされる。
③貧乏くじばかり引かされている。上司がチャンスを与えてくれない。
④がんばっても、見合った評価がされない。不当な扱いを受けている。
⑤毎日単調な仕事の繰り返しに、うんざりしてくる。
⑥午後一時から三時くらいの時間帯に、気持ちが中だるみしてしまう。

ある会社で営業を担当している若者が、こんな不満を述べていました。

他人が企画して、よその部署の人間が制作したものを、自分はただ売らされているだけ。上司も「もっと売れ」としかいわない。

懸命にがんばっているけれど、成果が上がれば「商品がよかったから」「上司の指導がよかったから」と手柄はすべて横取りされ、成果が低迷すれば「営業努力が足りないからだ」と自分のせいにされてしまう。

取引先からも、あれやこれやとうるさい注文。できる限り要望に応えてはいるが、感謝されることもなく、「当たり前だ」という顔をされて、ちっとも評価されない。

組織の歯車となって、上司から命じられるままに働いているだけ。そんな自分が虚しくなってくる。「もう嫌だ、やる気が出ない」というわけです。

こういう不満は、営業をやっている人に限ったものではないでしょう。

企画関係の人も、制作部門の人も、もしかしたら上司も、同じような欲求不満を抱いていると思うのです。

「どうでもいい、消化試合のような仕事ばかり任される」
「どうがんばっても到底、売上が伸びていかないような市場の開拓を命じられる」
「ダメ上司という悪評がある上司のもとに配属される」
「がんばっているのに、チャンスを与えてくれない」

「社内の嫌われ役を命じられる」

「予算のない部署へ回される。どうでもいいような取引先を担当させられる」

このような「やらされている」「不当に扱われている」という意識からストレスを溜めて、体調を崩してやってくる患者さんは少なくありません。

さて、このような不満をもつ患者さんに共通する意識があります。
■「自分だけが」という意識が強い。
■他人を羨《うらや》む意識が強い。
■小さなことを大げさに考える。
■コミュニケーション能力が不足している。
「やりたくないことをやらされる」というのは確かにめんどくさい。ですが、仕事というものはたいがいそういうものです。そして、だれもが心のどこかには「やりたくないことをやらされる」という気持ちが少なからずあると思います。

ただ職場では、大きな声を出していわないだけです。心のうちは押し隠して、明るく振る舞っていることに、まず気づいてほしいのです。

上司も部下も同僚も多かれ少なかれ、みんな同じように「こんな仕事、やってられるか」という気持ちを引きずっています。それは「自分だけではない」とわかっただけでも、「めんどくさい」というオモリが取れて、心がずいぶん軽くなるのではありませんか。

重たいものを引きずりながらよりも、「心も軽く、身も軽く、足取りも軽く」のほうが、長い道のりを歩いていけます。

●隣の芝生が青く見えると、自分の仕事に「やる気」が出ない？

「隣の同僚がやっている仕事のほうが面白そうだ。それに比べて、どうして自分のやっている仕事は……」と、とかく隣の芝生は青く見えるものです。

人を羨《うらや》むことは「続けていく力」を低下させます。自分だけが不当につまらない仕事を押しつけられているかのように思えてくると、「やる気」も出なくなり、ただエネルギーを消耗しているだけのように思えてきます。

同期入社で、学歴も能力もそれほど差がないにもかかわらず、自分より給料が高い人がいる。やりがいのある仕事を任されている人がいる。上司からエコヒイキされている人がいる。人気者がいる。すべての社員が横一線に並んで仕事をしているわけではないのですから、いちいち羨ましがっていたら落ち着いて仕事に向かえません。

人を羨むのは、うまくありません。

考えてもみてください。天と地ほどの格差があるわけではないのです。だいたい同じようなことをやっているけれど、隣の人はほんのちょっと条件のいい仕事を任されている、といった程度です。

隣の芝生が青く見えるのは、離れたところから見ているからです。実際に足を踏み入れてみれば、枯れた芝生も入り混じり、虫に食われているところもあります。我が家の芝生と大差がないことに気づくはずです。

「三日坊主」という言葉の語源を紹介します。

「坊主は三日やったらやめられない」という。「三日坊主」とはまったく逆の意味になりますが、それを真に受けて、「そうか、信者さんのお布施で、ろくに働かなくてもうまいものを食ってのんびりやっていけるのか、こんなにいい商売はない」と、ある人が坊主になることを思いつき、お寺で修行を受けることにしたそうです。

しかし、実際にやってみると大違い。修行はつらいし、食べるものはうまくないし、叱られてばかり。これはもう堪えられないと、三日後には「すみません。坊主になるのはやめました」とお寺から逃げていった……。

これが「三日坊主」の語源だそうですが、他人の家の芝生を羨み、そこへ引っ越そうとしたら、似たような結果になるのではないでしょうか。

隣の人との「わずかな差」にこだわるのは、とくに二十代から、三十代前半にかけての若い人です。

四十代、五十代になると、格差はもっと広がるのですが……こちらが係長止まりでいるのに、かつて同期入社だった同僚が役員にまで抜擢《ばってき》されていることもありますが、そこまで大きく水を開けられると、「自分の仕事をたんたんとこなしていくだけだ」という開き直った心境になれるのですから悩むことはありません。

若い人は、もう少しのがまん。いずれ、上手に開き直れるようになります。格差なんぞに惑わされずに仕事に没頭できる人は、職場の中で「自分にしかできない仕事」を見つけ、その仕事に喜びを感じている証しです。

私たちは、つい周りの人たちの仕事と見比べて「ああだ、こうだ」といいたくなってくるのですが、まずは、自分に与えられた仕事を丹精込めて育ててみようという気持ちが大切なように思うのです。

春に、どこの芝生よりも青々と輝き、そこからどんな花が咲き出すか楽しくもなります。しばし冬の寒さを堪えてみてもいいでしょう？

●「見返りのために続ける」はダメ、「無心で楽しく」が本物

ビジネスマンの間で、座禅がちょっとしたブームになっているそうです。

早朝の時間帯に、座禅道場をビジネスマン向けに開放しているお寺もあります。出勤前に、そこで座禅を組んでから職場へ向かうらしいのですが、若い人から中高年ま

で、女性の姿も多いそうです。

道元の有名な言葉に、「只管打坐《しかんたざ》」というのがあります。

「邪念を捨てて、ただひたすら座禅を組む」ということ。その深遠な意味は私にはわからないけれど、そういう無我の境地に達したときに、座ることの楽しさがわかってくるということらしいのです。

達磨《だるま》大師には、「無功徳《むくどく》」という言葉があります。

ある領主が達磨大師に、「私は仏塔を建て、たくさんのお布施もしている。だから多くの功徳があるものと信じています」というと、達磨大師はひとこと「無功徳」。つまり「そんな功徳は何もありませんよ」と答えたという話です。

あなたは何か見返りがほしくて、お布施をしていたのか。

何も見返りがないとわかれば、もう信仰は捨てるというのか。

なんの見返りがなくても、ひたすら信仰を続けていく。それができてこそ本物……。確かに、こういう境地にまで達すれば、何事も長く続けられると思います。

「こんな安い給料じゃどうにもならない」

「こんな面倒なことを続けて、なんの意味があるのだ」
「がんばっているのに、ちっとも評価してくれない」
「ここでがんばっていたって、一生埋もれたままだ。やってられない」
そんな不満をもつこともなくなるだろうと思うのです。

若い友人が英会話の勉強を始めたのは、グローバル化するビジネス社会の中で、英語を自由自在に操れる能力を身につける必要性を感じたからだそうです。海外勤務は出世の登竜門、いつの日にか「海外へいけ」と命じられたときのために準備をしておかなければならない、と。

しかし半年後、英語の勉強をやめました。国内の地方への転勤が決まって、バカらしくなったのだそうです。もったいないですね。転勤地がどこだろうが、そのまま続けていけばいいのに、というのが正直な感想でした。

よく「続けていく力」を養うためには、明確な目標をもつことが大切だといわれます。目標があってこそ、やる気も継続します。

確かに一理ありますが、もし目的を失ってしまったら、どうなるか。そのとたん、やる気が失せて、せっかく積み重ねてきたものを無駄にすることになります。

時代小説の山本一力さんが、こんなことを述べていました。

山本さんが小説を書き始めたのは、みずから手がけていた事業に失敗して背負い込んだ多額の借金を返すためでした。幸いに新人賞を受賞して作家デビューを果たすことができたのですが、そのあとが続かない。新しい原稿をいくら書いても、出版社でボツにされます。

結局、「借金を返す」という目的のために小説を書き続けていくことなんてできない、この世界はそんなに甘くない、と痛感させられたといいます。そして、小説を書くこと自体にやりがいを感じられるようになったとき、やっと次のステップへ進むことができた、というのです。

「目的をもつ」のも、よし悪しです。

英語の勉強をやめてしまった若い友人も、もし「英語を勉強すること自体が楽しい」という心境になっていれば、いまでも続けていただろうと思うのです。

そして、たとえ仕事には役立たなくても、一生の趣味になったかもしれない。その趣味を通して、たくさんの友を得られたかもしれない。私は何か、自分の可能性を捨ててしまったのではないかと思ったのです。

「目的のために続けていく」ことよりも、「それを続けていくこと自体が楽しくてしょうがない」という心境で続けていくほうが、はるかに力強いエネルギーにあふれているように思います。また楽しくて続けていくほうが、自分の血となり肉となる「本物の勉強」「本物の仕事」になるのではないかと思うのです。

●森田療法から学ぶ「続けていく力」を養う方法

精神療法のひとつに「森田療法」があります。これは森田正馬《まさたけ》という精神科医が大正時代、神経症の治療法として考案したものですが、現在でも神経症、対人恐怖、パニック障害などの治療法の一環として用いられることもあります。

この森田療法は、先ほどの道元や達磨大師が述べたような東洋思想に通じるものがあり、また持続力や集中力を養うためのメンタルヘルス法としても有効であるといわれています。簡単に紹介しておきましょう。

この療法には通院式のものと、入院式のものがあるのですが、基本的には入院して行われます。そして入院式は、次の四期に分けられます。

〈第一期〉――

この時期は、「絶対臥褥期《ぜったいがじょくき》」と呼ばれます。患者はこの期間は個室に入り、その間はテレビやラジオ、新聞や本といったものを見ることを禁じられます。人と会うことも避け、ただひたすら寝ては起きるという生活を送ります。

〈第二期〉――

この時期には部屋を出て庭を散歩したり、自然観察をしたりすることが許され、また軽い単純作業が命じられます。そして、その日の出来事、見たこと、感じたことを日記に書き、それを媒体に医師からカウンセリングが行われます。

ただ病院の外へ出ることや、テレビや読書までは許されません。

〈第三期〉――

第二期よりは、やや重い労働が与えられます。労働はそれほど複雑なものではありませんが、どうすればそれを効率的に運ぶことができるかなど、よりよい働き方を工夫することが求められます。また労働の合間にレクリエーションをすることが命じられ、遊びとはたんなる息抜きなのではなく、よりよく働くために必要なものであることが教えられます。

さらに森田療法のキーワードである「あるがまま」と「日々是好日《にちにちこれこうじつ》」という言葉の意味が教えられます。

「あるがまま」とは、「自分のいまの気持ちをあるがままに受け入れる」ということ。

「日々是好日」とは、「たとえ自分自身の気分が沈んで気乗りしない日であっても、自分を必要とする場所があり、やるべきことがあるのであれば、その日はいい日である」ということ。

〈第四期〉――

この時期には、社会生活にスムーズに戻れるようなトレーニングを行います。病院から職場などへ通い、だんだんと一般の生活に心と体を慣らしていきます。

森田療法では、だいたい四十日間でこの四期を行うとされていますが、ここには、日常生活の中で実践できる要素もあると思います。

たとえば第一期の絶対臥辱は、「瞑想」と考えてもいい。

一日に十分から二十分程度、瞑想に耽る時間をもつようにする。先ほど述べた、ビジネスマン向けの朝の座禅会といったものに参加する方法もあるし、もっと手軽に、帰宅後の入浴時、半身浴をしながらでもよいでしょう。

就寝前に、テレビを消し、携帯電話の電源も切り、少し暗くした部屋で、ハーブの香りでリラクゼーションする、という方法もあります。

このさい、無理をして「無の境地」を作り出そうとするのではなく、「あるがままに」がいいのです。たとえ「あんな面白くない仕事なんてやってられない」「あんな上司のもとではがまんできない」といったネガティブなことであろうとも、心に思い浮かぶことを思い浮かぶままにしておくのです。

ただ、イライラしたり、ムカムカと気持ちを興奮させたりしないようにしたいものです。深呼吸で気持ちを落ち着けながら、どんなにネガティブなことを思い浮かべようとも「軽く受け流す」という心の技術を習得してほしいのです。

●深呼吸瞑想法で「続けていく力」が身につく

瞑想は、いいストレス解消法です。ふだんから過剰なストレスを感じている人は、生活の中にぜひ瞑想タイムを取り入れてほしいものです。

ストレスは、人から元気を奪います。ふだんからストレス・コントロールに努めることが、続けていく、集中する元気を養うことにもなるのです。

さて、瞑想によるリラックス効果を高めるコツに呼吸法があります。これについても説明します。

まず体を横たえ、全身の力を抜きます。ゆったりとした気分で、意識的に少し笑顔を作るようにしてください。嫌なことは忘れ、楽しいことを思い浮かべるようにしてください。

お腹に手を置いて、お腹を膨らませながら息を吸い、お腹をへこましていきながら吐き出す……吸い込むよりも、吐き出す時間を長くするのがコツです。

ゆっくりと、時間をかけて、少しずつ息を吐き出す……。

この腹式呼吸によって副交感神経の働きが高まり、リラックスし、とてもいい気分になっていきます。息を吐き出すさいに、小さな声で「だいじょうぶ」「ありがとう」「自分ならできる」「やり遂げられる」と、プラス思考の言葉を発すると効果的です。

瞑想時にプラス思考の言葉を自分にいい聞かせると、暗示効果がいっそう高まるともいわれています。これを五分から十分程度行ってください。これには催眠効果もありますから、就寝前に行うことをお勧めします。

ストレス過剰の状態になると、知らず知らずに呼吸が早く、また浅くなっていくものです。そのために酸素が十分に体内に供給されず、気力が続かない原因ともなります。また肩凝り、腰痛、めまい、といったストレス性の症状を悪化させます。

またマイナス思考に陥りがちな人は、行く末に悲観的になりモチベーションが持続できなくなりがちです。それを矯正する意味でも、この瞑想と腹式呼吸は効果があります。

●「記録を残す」とモチベーションが続く

何かを続けていくために「日記を書く」ことはとても効果があります。「文字にして書く」ことで、自分を客観視することができるのです。もし、「きょうはやる気がしない」「仕事をするのが面倒だ」「働くことなんてつまらない」「上司が気に入らない」といった感情が芽生えることがあったとしても、そのときどきの感情に振り回されることなく、たんたんとやるべきことを進めていくことができる……つまり、自分をコントロールする術が身に備わるのです。

また「不当な扱いをされている」「チャンスを与えてくれない」「貧乏くじばかり引かされている」ということに不満が募っている場合でも、「では、どうすればいいのか」という解決策を、広い視野に立って見つけ出すことができるようになります。

日記を書くこと自体がめんどくさいという人もいますが、そういう人は、たとえば「ブログ」という形にしてもよいでしょう。大切なのは自分を客観視する手段をもつことなのです。

その意味では、よき相談相手をもつことも大切です。だれかに、いまの自分の思いを「言葉にして話す」だけでも、自分を客観視するのにはずいぶん役立つものです。また相談相手のちょっとしたアドバイスが、「そういう考え方、方法もあるのか」と、目からウロコが落ちることがあるかと思います。

ただ「記録をつける」といった方法でもよいでしょう。

これはダイエットや禁煙に役立ちます。

毎日、体重計ではかった数値を、日記帳につけていく。たとえ五十グラムでも、百グラムでも、きのうより体重が減っているのがわかると、「あしたもがんばろう」という意欲が生まれます。

定期積立の貯金通帳を眺めていると顔がほころんでしまう人も、これと同じ心理です。日々の努力と実績が、数字によって「目に見える形で残されていく」ことが確認できると、気持ちは活性化します。

もしやる気があるならば、その日の食事の内容やカロリー数、また運動の内容なども記録しておくといいでしょう。これは糖尿病の治療でも用いられる方法です。指導員が「食事は何カロリーまでに抑えてください」といっても、その何カロリーというのがどの程度の食事なのか、患者さんはイメージしがたいものです。けれども、食事の内容を記録したり、あるいは写真にして残しておくと、「このぐらいの食事」ということが具体的にわかります。

また記録を取ること自体が、病気と闘っていく励みともなります。

たとえば、禁煙です。

禁煙を始めてから、タバコを吸いたくなったときの日時を記録しておくと、水を飲んでがまんしたとか、がまんできなくなって一本吸ってしまったとか、そのときの結果がわかります。それだけでも、禁煙への意識が高まり、三十分もがまんできなかったのが、やがて一時間がまんできるようになり、一日がまんできるようになり……というように「自己新記録」を伸ばしていくのを実感できます。

アトピーの治療法としても、記録ノートはよく用いられます。かゆみが起こったときの日時、場所、かゆみの程度といったものを記録していくことで、「かゆくても、かかない」という、がまんが長続きするようになります。

気持ちの浮き沈みが激しい。やる気になるときと、気持ちが落ち込むときの落差が激しい。仕事への不満をもちやすく、モチベーションが続かない。そういう自覚がある人も「気持ちノート」といったものをつけてみたらどうでしょうか。

そのときどきの気持ちと、それへの対処法をこまめに記録していくと、自分の気持ちを上手にコントロールしていく習慣が身につくはずです。

●泣き出したい日でも、「日々是好日《にちにちこれこうじつ》」とつぶやく

森田療法の第三期では、与えられた労働について「もっとよりよい方法はないか」と、医者と話し合っていきます。

向上心をもつことも、やる気を持続していくのに役立つのです。

「単調な仕事の繰り返しに、うんざりしてくる」という日々であっても、「何かもっと楽しく、やりがいをもちながら仕事を続けていく方法はないか」を考えられます。「やりたくないことばかり、やらされる」という状況であっても、では「やりたいことをやらせてもらうには、どうすればいいのか」と作戦を練ることができます。

よりよい方向へもっていくように絶えず向上心を働かせ続けることが、仕事へのモチベーションを保っていくコツにもなるのです。

仕事や上司への不満から、やる気が続かないというタイプの人には、コミュニケーション能力がそれほど高くない人が多いようです。

不満があっても、それを上司や周りの人たちに相談して解決していこうとするのではなく、自分の胸の中でただふつふつと欲求不満を溜めていくのですから、ますます後ろ向きになり、意気は消沈していくばかりです。

ぜひ、前向きに話し合って解決していく、ということを心がけてほしいものです。

また、よく話し合えば、「解決しない問題はない」と信じてほしいのです。

森田療法でいう「日々是好日」とは、いいかえれば、「感謝する」ということです。

少々文句をいいたいことがあっても、とりあえず職場へいけば「やるべきことがある」ということに「ありがとう」と感謝するのです。

これは決して現状に甘んじるということではありません。文句があっても黙って働け、ということでもありません。

いま自分に与えられているものに「ありがとう」ということで、さらにいいものへ発展させていきたいという向上心が生まれてくるのです。そのためにどうすればいいのか、周りの人たちと前向きに話し合っていこうという気持ちになってくるのです。

●「あきる」から、新しいアイディアが浮かぶ

めんどくさく思うこと、物事にあきることは、必ずしも悪いことばかりではありません。

あきあきとした気持ちになると、人は「何かもっと、わくわくするような、面白い企画はないか。新しいことを工夫できないか」と、知恵を絞ります。

もし「あきる」ことがなかったら、毎日同じことを同じやり方で繰り返すだけで、そこには向上も工夫もありません。

本書のどこかで、私は、「あきる」「嫌になる」「つらくなる」「めんどくさくなる」「やる気がなくなる」「落ち込む」「投げ出したくなる」……これらのことは人間の性分だから仕方がない、といった意味のことを述べました。

そういったことを経由して初めて、人は本気になって「なんとかしよう」と思うのでしょう。

活版印刷は人類史上最大の技術革新のひとつといわれていますが、あれはたぶん、文字をひとつひとつ書き写していた職人が、その仕事にあきあきして、「もっと簡単に大量の本を作ることはできないか」と、知恵を絞ったあかつきに発明された技術なのではないでしょうか。

蒸気機関の発明も、それまで人力で物をもち運びしていた人たちが、もう嫌だ、めんどくさい、あきあきだ、という気持ちになって、「もっと便利な方法はないのか」と考えてのものではないのでしょうか。

あきる↓知恵を絞る↓またあきる↓さらに知恵を絞る……というのは、大げさな言い方をすれば、人間の進歩の道程のように思えます。

ですからめんどくさいと思うこと、あきることは、悪いことではないのです。

そもそも人間は「あきる生き物」なのです。

仕事にしても何にしても同じことです。どんなにやりがいのあることでも「同じ仕事」を何日か続ければ、うんざりします。

とはいえ、「こんな仕事、もうあきた」と口に出してしまうと、周りから白い目を向けられ、上司からは叱責を受けますから、黙っているしかありません。

ですが、「あきる」ことを否定的に考えないほうがいいと思うのです。

美人にしても「三日であきる」のが通説ですが、それは外面的なものばかりに意識を奪われるのではなく、その美人の内面的なものへも目を向けるようになるということであり、相手への尊敬の念や、さらに深い意思疎通も生まれてくるのです。

要は「あきた。やめよう」「あきた。さようなら」となってしまうからいけないのです。「何をやっても長続きしない」というのは、このパターンです。

「あきた。知恵を絞ろう」

「あきた。でも、新たな魅力を発見した」

と、とことん食い下がっていけば、「あきずに」仕事を続けていくこともできます。人とも長くつき合っていけます。

「あきた。やめよう」を繰り返していくと、自分という人間がどんどんひ弱になっていきます。このような気分本位の行動では、仕事も友人も失うことになります。

「あきた。ならばどうする？」と、新たな知恵を生み出していくのが、いい人生のコツです。知恵をしぼっていくうちに楽しくなり、また続いていきます。

仕事というのは、どんなものであれ、元来、楽しいもの、面白いものではないのです。逆説的な言い方になりますが、だからこそふだんから、仕事を面白くする工夫、楽しく働いていくための創意工夫が必要になってくるのです。

マンネリとなり、あきあきしてしまったときには、「もう、やめた」というのではなく、もうひと踏ん張りして、「どうすれば面白くなるか」と頭を巡らせてみてください。そのひと踏ん張りで、同じことでも違う景色に見えるはずです。

この章の「まとめ」

■仕事を「やらされている」「不当に扱われている」という「受け身の考え方」がストレスの元になる。「やる気」のある人は、主体的に活動する。

■同僚と自分を比べるのは、やめよう。職場の中で「自分にしかできない仕事」を見つければ、同僚のことなど気にならなくなる。

■「目的をかかげて続けていく」よりも、「それを続けていること自体が楽しい」という心境になってみよう。「やる気」は持続し、得るものも大きい。

■積立貯金の通帳など、日々の努力と実績が、数字によって「目に見える形で記録される」と、顔はほころび、さらに「やる気」が出る。

■仕事や上司への不満は、相談して解決しようとする行動が大切。心の中に溜めておくだけの人は、少しずつ「やる気」が削られている。

第4章
「やる気」が出る目標づくりのコツ

●「やる気はある」のに、なぜ計画倒れに終わるのか

いい仕事をやり遂げたときには、「カンパーイ！　お疲れ様」で終わってしまうのではなく、なぜ納得のいく仕事ができたのか改めて振り返ってみてください。そこには必ず「いい計画」があったことに気づくはずです。

計画とは、いわば、時間の上での地図のようなものです。これなしでは、いま自分がどこにいるのか、どこへ向かって進もうとしているのかわからなくなり、大切な時間をはなはだロスすることになります。時間までに目標とする地点まで辿り着くには、事前にしっかりとした計画を立てておくことの必要性はみなさんわかっているはずです。

とはいえ、完璧な計画を立てたのに、いざ始めてみるとうまくいかず、途中で挫折することもよくあります。計画倒れですね。

どうしてそうなるのか、いっしょに考えてみましょう。

まず、物事が計画倒れに終わる典型的なパターンを列挙してみます。
①自分の能力を超越した計画。
②健康的な生活を無視した計画。
③自分の都合しか考えていない計画。
④資金的に無理のある計画。
⑤時間的にゆとりのない計画。
⑥自己満足的な計画。
⑦計画のための計画。
⑧計画変更能力のない人の計画。

医者をやっていると、自分の能力を超えた高すぎる目標を掲げてしまったために、ご自身の健康を損ねてしまう人をよく見ます。

「自分はまだ若い」と過信して、「来るべきマラソン大会で四時間を切る目標を目指し、一日二十キロを九十分以内で走る練習を積む」などと無茶な計画を立て、膝を痛めてしまう人。いや、膝ならまだいい。たとえばジョギングなどは、私たちが想像している以上に、身体に負担を与えるスポーツです。自分の体力を過信して無茶なことをすれば、たいへんなことになります。

東京マラソンに参加したあるタレントさんが心筋梗塞を起こして、救急車で運ばれる事態となりましたが、ああいうことは決して珍しくないのです。

人間は、ともすると、無理なことにチャレンジしたがるものらしい。というよりも、つい、自分の能力を超えた、無理めな計画を立ててしまいます。

無理なことをして失敗する他人を冷ややかな目で見ている人でも、いざ自分のことになると同じ失敗をするものです。

「無理はしない」。これはあらゆることに通じることです。物事の目標を設定したり、計画を立てたりするときには、ぜひ肝に銘じてください。

敵に勝つには、まず己自身を知れ、と、古代中国の兵法は教えています。目標を設定し、計画を立てるとき大切なことも、「己自身を知る」です。

いまの自分の力量がわかっていてこそ、しっかりと地に足のついた粘り強さが生まれます。地に足をつけて走るから、無事にゴールまで辿り着くことができるのです。

●やる気が出る目標、やる気がなくなる目標

いい目標は、新しいやる気を生み出す原動力となります。

悪い目標は、自信を失わせ、私たちを再起不能の状態にします。つまり、「長続きしない」のです。

では何が「いい目標」であり、「悪い目標」とはどういうものなのか。

ひと言でいえば「達成可能な目標」がいい目標、「どう考えたってそれは無理だよ、という目標」が悪い目標といえます。

目標を決める上でもっとも大切なことは、「達成可能な目標を立てる」ということだろうと思います。当たり前のことと思うかもしれませんが、基本的なことに限って私たちはつい忘れがちになります。改めてこのことをしっかり頭に入れておきたいものです。

目標を達成できなければ、挫折感が残るだけですが、目標を達成できれば、その喜

びと充実感が次の仕事への意欲を生み出していきます。

Aさんは、月末までに百万円売り上げるという目標に対して、百十万円の実績を残すことができました。Aさんは、「来月は、さらにがんばって百二十万円の売上を達成しよう」と、ポジティブに取り組んでいけるだろうと思います。

一方でBさんは、百二十万円売り上げるという目標に対して、百十万円の実績しか残せませんでした。AさんもBさんも実績としては同じですが、Bさんの場合、「自分はダメ社員だ」と、ダメージを引きずったまま次の仕事をすることになるのだろうと思います。

実力にはそれほど差がないふたりですが、結果的にAさんは自分の実力を伸ばしていくことができ、Bさんは萎《しお》れることになります。

ここで注意すべきことは、会社のような競争社会の中では往々にして「これくらいはできるはずだ」と自分の実力よりも高い目標を設定してしまうことです。

もし「目標」を自分だけで決めることができれば、自分の実力に合ったものを設定できますが、たいがいは、上から「もっと、やれるだろう」とハッパをかけられ、

「君には期待しているんだよ。できるはずだよ」とおだてられ、つい、できるかどうかもわからない目標を立てることになります。

周りの人たちの実績が伸びていなければ、その分もがんばってカバーしなければと、無理な目標を自分に課す責任感の強い人もいます。

すべて会社への責任感と、自分の向上心の表れなのですが、その「高すぎる目標」に自分自身が押し潰されてしまうケースも少なくないのです。

ひと口に「計画を立てる」といっても、簡単なようで、けっこう難しい面があるものです。

私自身のことを省みても、計画を立てて、なんの支障もなくゴールインできたことなど、ほとんどありません。物事は「計画通りにはいかない」というのが現実、そう考えておいたほうが破綻《はたん》は小さいと思います。

私は、場数を踏んできた分、たとえ途中で計画通りいかないことになっても、どうにかこうにか最終的には帳尻を合わせて目標まで辿り着くコツのようなものがつかめてきたように思っています。

私なりの、そんなコツも記しておきます。

■「こうなったらいいな」という、緩《ゆる》い目標を掲げる。

■忙しい人ほど、時間的なゆとりをもって計画を組む。

■不意のアクシデントが起こることを、あらかじめ頭に入れておく。

■計画は進行中であっても、柔軟に変更していく。

●目標の80パーセントを「本当の目標」にする

能力を超えた「高い目標」を立てることがいかに愚かなことか。いや、それ以上に危険であるかという話を、「ダイエットにがんばりすぎて、拒食症になる人たち」を例に取って説明してみます。

朝食には野菜ジュース一杯、お昼は食べずに、夕食にはヨーグルトをほんの少し、といった、とてもこれだけでは健康的な生活は営めないというような計画を立てて、そういう食事の摂り方を何日も続けます。

この人たちは、とてもがまん強く、意志も強い。ですが、どこかで限界がきます。こうなると、お腹がすくどころではなく、一種の飢餓状態に陥り、そのために猛烈な食欲に襲われることになるのです。

ここまでは第1章でも述べましたが、問題は次の段階です。

夜中、お腹が減って眠れなくなり、冷蔵庫の中にあるものを手当たり次第にむさぼります。しかし食べたあと、強い罪悪感に襲われて、トイレで口に指を突っ込んで吐き出す。その後、この、無茶なダイエット→無茶食い→吐き出すということを繰り返すようになります。そのために胃も、他の内臓もボロボロになり、食べ物を受けつけなくなる、それが拒食症です。やせたい、きれいになりたい、という意識が人並みはずれて強すぎる人たちの「皮肉な結末」といってもよいでしょう。

ダイエットは、無理のない計画を立て、栄養のバランスのいいものをしっかり食べ、その代わりにしっかり運動もしていくほうがうまくいきます。それが「やる気」が途切れることなく、長く続けていけるコツでもあります。

「もっとステキな自分になりたい」と、夢や希望をもつことは大切ですが、そのために焦りが生まれ、一週間で五キロ、二週間で十キロやせたいなどと「高すぎる目標」を掲げると、ステキな自分どころか、自分自身を壊してしまいます。

とはいえ、そんな若い女の子たちを笑ってはいられません。三十代、四十代になる、分別あるはずの大人にしても、健康を害してしまうほど「高い目標」にしがみつこうとする人は少なくありません。働きすぎがたたって、病気になってダウンしてしまう人には、このタイプが多いのです。

もちろん、目標が低すぎても、やる気をなくす原因になります。

プロ野球の監督がシーズン前に、「なんとか三位に滑り込んで、クライマックスシリーズで逆転を狙いたい」といった意味のことをいいます。

うちのチーム力では優勝は無理だが、三位であれば確保できるだろうという気持ちなのでしょうが、たいがいは三位も確保できず四位、五位になってしまうものです。「楽な目標」のために選手の気持ちが緩んでしまうのかもしれませんね。

私の経験からいえば、「このぐらいのことをしたい」という八十パーセントほどを目標にしていくのが、モチベーションを保っていくのに一番いいように思います。

●早起きしての「欲張り計画」は長続きしない

「ヒト、モノ、カネ」は仕事の三要素といわれます。計画を立てる上でもこの三つの要素をそれぞれ考えておく必要があるからでしょう。

計画というのは、自分の都合だけで立てていいというものではありません。とくに仕事の場では同僚たちと協力し合っていくのですから、他の人たちの予定も考慮しなければ途中で頓挫《とんざ》することになります。

資金的な計画も同じです。「これはヒットすること間違いなし」という計画を立てることができたとしても、途中で必要資金が尽きてしまったら、そこから先へは進めません。結局、頓挫することになります。

さて、モノです。ここで私たちが注意すべきことは、「過剰生産」だろうと思います。つまり、「求めすぎ」ということです。

ちょっと話がずれますが、最近「早起きをしたい」と思う社会人が増えています。

同時に、早起きに挫折する人もまた多いですね。

その原因として、私は「過剰生産」があるように思うのです。

競争が激しい時代ですから、プラスアルファになるものを身につけなくてならない。しかし帰宅してからでは疲れもあり、アルコールが入っていることもあり、風呂に入って食事をしてひと休みすれば睡魔に襲われ、自己啓発の勉強どころではなくなります。そこで、

「朝、早起きをして資格試験や英会話といった自己啓発のための勉強に充てよう」

「最近運動不足で太り気味だから、朝にジョギングすることにしよう」

「体力も養わなければならないのだから、身も心も新鮮なうちに運動もしよう」

「せっかく早起きするのだったら、自分で朝食もこしらえよう」

……早起きはメンタルヘルスにも役立ちます。ぎりぎりになって飛び起きるという慌ただしい朝のすごし方ではストレスも溜まるのですから、庭で鳥の声でも聞きながらゆっくりとコーヒーを楽しむ時間もほしい。これが、私がいう「過剰生産」です。

「早起きは三文の得」といいますが、せっかく早起きするのだからと十文も二十文も

得をしようとするのでは欲張りというものです。

いくら早起きしたところで、出勤するまでに自分の時間として使えるのは、せいぜい二時間程度です。「たくさんモノを作れば、たくさん儲かる」とばかりに、あれもこれもと予定を入れたのでは朝の時間がパンクしてしまいます。

これが早起き生活に挫折する人たちに共通する原因です。三日ぐらいなら気力で乗り超えられるでしょうが、そのうち、「ああ、やる気が出ない。もういいや。ぎりぎりまで寝ていよう」ということになります。

計画を立てるとき、あれもこれもやりたいと願うのは人情です。たくさん予定を詰め込んでおけば、とりあえず「自己満足」もできます。

あれもこれもと詰め込んだ勉強の計画表を眺めながら、受験生は「これで合格できる」と思うのでしょうが、実際にできることは限られています。

この希望と現実のバランスを考えて、「適正生産」の計画を立てておかないと、途中で破綻することになります。

「計画のための計画」も、詰め込み式のものになりますね。

上司や取引先に提出する計画表などは、とくに「私はこれだけやる気があります。私は優秀な社員なんです」とアピールしたいのか、自分の能力や現実的な状況から離れ、いわば「絵に描いた餅」のようなものを作ってしまいます。

これでは途中で頓挫してしまうのは当然です。

●仕事は「計画どおり」にはいかないもの、と心得る

やるべきことがたくさん詰まっている人ほど、計画を組むときには「時間的なゆとりを作っておく」ことが大切です。

「ゆとりがない」のは、やる気が削られる元であり、結果的にうまくいきません。

時間的なゆとりを作っておくと、ときどきスケジュールを見直してみることができます。ここが大切なところですが、見直すたびに、また「やる気」が出てきます。長い期間にわたって、モチベーションを維持するためにも「見直し」は必要なのです。

また現場では、想定外のトラブルが少なからず発生するものです。時間的にゆとり

のない計画では対処できません。

みなさんも、旅行で同じような失敗をしているのではありませんか。

名物料理も食べたい、景勝地で写真も撮りたい、博物館へ、美術館へ、劇場へもいきたい、船にも電車にも馬車にも乗りたい、と、欲張りのスケジュールを組もうとするものですが、旅先では突発的なトラブルがつきものです。

交通機関が遅れる、道に迷う、連れの人間が体調を崩す、行列に並ばなければならなくなる、盗難にあう。そのような事件に遭遇すると大慌てとなり、せっかくの旅行が台無しになります。

仕事の場も、何が起こるかわからないのですから、あらかじめそのことを頭に入れておき、落ち着いて対処できる時間的なゆとりを作っておくことが必要です。

仕事では、事前の計画に何かしら見直す必要に迫られることもあります。柔軟に対処できるようにしておきたいものです。

物事が計画どおりにいかなくなると、そのとたん「やる気」をなくし、やるべきことを放り出してしまう人もいます。が、「計画どおりにいかない」のは珍しいことではなく、むしろ「よくあること」なのですから、このような人は何をやっても長く続けられないということになります。

①いま最優先にやるべきことは何か。

②とりあえず後回しにしていい仕事はどれか。

③あしたすべきことは何か。

④一週間、ひと月先までに、何をしなければならないか。

これは計画を見直すさい、頭の中を整理するための目安です。

仕事を進めていく途上で、この四つの視点から絶えず計画を見直していくことも持続力をもって仕事に臨むコツとなります。

●人との約束を守れない人が、「無理な計画」を立てる

人との約束が守れないのは、ふだんから「計画的に物事を考えていない」証しのようなものです。きょうの計画、あしたの計画が頭に入っていれば、できないことを安

請け合いなどしないでしょう。

「私に任せておいて。あしたまでにはやっておくから」と引き受けてくれたのに、翌日になると「これ私には無理みたい」と、つき返してくる。

「給料が出たらすぐに返すから」といいながら、何ヶ月経っても貸したお金を返してくれない。

約束した期日や分量を守れない、お金に関してだらしがない、ときには約束したこと自体を忘れてしまう人さえいます。

こういうタイプは、悪い人間ではありません。愛想がよくて、陽気で、人を笑わせることの好きな、いい人なのです。が、約束を守れないのです。

あんがい「約束を守れない人」には、こういうタイプが多いものです。

というよりも、自分が交わす約束が「できもしない」ことであることを、自分自身が理解できていないのかもしれません。

その理由は、計画的に物事を考える習慣が欠けているからでしょう。

いくら人柄がよくても、約束を守らない人は信用されません。健全な人間関係を営んでいくことはできませんし、社会的にも低い評価しかもらえません。

時間、資金、そして自分の能力をしっかりわきまえて計画的に進めていく習慣がある人ならば、「これはちょっと無理だな」ということはすぐに見当がつきます。

約束したことはちゃんと果たしてくれる人、そして何よりも「できないことははっきりと断ってくれる」人は、信頼できます。安心して、息長くつき合っていけます。

●本や映画に最後までつき合う、こんな方法

もし「本を最後まで読み通すことができない。最初のほうだけ読んで、そのままになっている本が山積みになっている」という人には、初めにラスト部分から読み始めることをお勧めします。

ちなみに、「本を最後まで読み通せない」「映画は途中であきて、居眠りをしてしまう」というのは、ある専門家にいわせると、オジさん、オバさんと呼ばれる年齢になった証しなのだそうです。つまり老けた、ということ。

その本や映画がつまらない、というのではありません。面白いのですが、最後までおつき合いする気力と体力と忍耐力が低下してきているのです。

本を読むのも、映画を観るのも、たとえ気軽な娯楽作品だとはいえ、年配者にとってはけっこう重労働なのです。

ただし年配者でも、最後までついていける本や映画もあります。

それは、むかし読んだ本、むかし観た映画です。これを読み返す、観直す場合には、あらかじめストーリーが頭に入っていますから、体力的にも精神的にもずっと楽でいられます。「先がわからない」よりも「先がわかっている」ほうが、ある種の緊張から解き放たれているのです。

最初に結末を知ってしまったら面白味がないという人もいますが、どうせ最後まで読み通せないのであれば同じことではありませんか？

それに、「これからどのようにして、あのラストに導かれるのか」ということを推理しながら読み進めていくのも、悪くありません。

仕事もそうなのです。

「先がわからない」よりも「先がわかっている」ほうが「やる気」が出て、意欲が長持ちします。ここに、事前にしっかりとした「計画を立てる」意義もあるのです。

自衛隊の訓練に、富士山麓の樹海の中を歩く、というのがあるそうです。それも夜中に、です。樹海には歩道らしい歩道などありません。しかも磁石も狂ってしまうというほどの深い森です。夜中ともなれば、一歩先に気の根っこがあるか、洞穴となっているか、さっぱり見当がつかない。そういう道なき道を歩行するのは、いくら頑強な自衛隊員でも、疲労困憊するそうです。

私は、一般の仕事の場で、そんな樹海の夜間歩行をするような働き方はお勧めできません。

計画とは、いわば地図であり、先を照らす懐中電灯であり、いくべき方向を指し示す方位磁石です。安全に楽に、有効に使ってほしいものです。

やみくもに、力任せに進むのではなく、頭を使って、考えながら歩いていくのが賢明な人のやり方であり、長続きする方法ということです。

●「リズムよく」歩いていくのが、嫌にならないコツ

さて、疲れずに仕事をしていくコツは、「リズムよく働く」ことです。

働くリズムがいい人はやる気が長持ちし、リズムが悪い人は集中力が途切れがちになります。

ウォーキングや山登りをするとき、私たちはよく「いち、に、いち、に」だとか「よいしょ、よいしょ」とかけ声をかけながら進みますが、あれは無意識のうちにも「歩くリズム」を作っているのです。

リズムよく歩いていくと、疲労感が少なく、すっすっと進みます。しかし体に力を入れすぎたり、逆に力を抜きすぎてダラダラとした歩き方をしたりすると、歩くリズムが悪くなり、先へ進んでいかないわりには疲労ばかり残ります。

これは「仕事をする」ときでも同じです。

「リズムよく働く」ためのポイントは次のとおりです。

■力を入れたり抜いたりしながら、仕事を進める。
■ひとつひとつの仕事に区切りをつける。
■ひと仕事終えたら、自分をほめる。
■がんばったあとは、自分へのご褒美を忘れない。

よく「集中力が長続きしない」という人がいます。

しかしこれは特別なことではなく、人間にとっては当たり前のことです。

もともと集中力というのは長続きしないものなのです。

研究によれば、人の集中力というのは、だいたい四十分も維持できればいいほうで、それをすぎると、頬を叩いて気合いを入れ直しても、冷水で顔を洗っても、集中力はどんどん失われていきます。

ただし会社は、四十分だけ働いて、集中力が途切れたら帰宅していいという場所ではありません。八時間は、そこにいて仕事をしなければならないのです。

ではその時間内で、できるだけ集中力を効率よく保ち、仕事の生産性を上げていくにはどうすればいいのか。

その答えが、「四十分ごとに、ひと息入れていく」というリズムです。コーヒーブレイクにする、トイレへいってくる、その場で軽い体操をする、顔や肩を自分でマッサージする、窓から外を眺めて気分転換する、隣の同僚と笑い話をする……など、四十分ごとに色々なリラックス法を取り入れながら、仕事を進めてほしいものです。「がんばる、リラックスする」と適度に繰り返していくことが、「働くリズム」を作り出します。歩くときの「いち、に、いち、に」というかけ声と同様の役割を果たします。

大切なことは、たとえ疲れを感じていなくても、ひと息入れる、ということです。

マラソンでは、喉《のど》の渇きを覚えたときはもう体は脱水状態に陥っているので、渇きを感じていなくても給水所ごとに水を飲んでいくのが正しいといわれています。

仕事も同じです。疲れを感じたときには、すでに心身にはそうとう疲労が溜まっているのです。そうなると「ひと息入れる」ぐらいでは回復せず、もっと長い時間休息を取らなければならなくなります。こまめにひと息入れていくことは、長く、早く、仕事の場で走り続けるコツです。

精力的に仕事をしている人ほど、よく見ていると、ちょくちょく休憩を入れています。がむしゃらなエネルギー丸出しといった働き方はしていません。

優雅に穏やかに働いていくほうが、持久力が増すのです。

●ボーッとしている人には「仕事を楽しむ力」がある

ひとつのことにあまりに集中してしまうことは危険、集中力のある人に限って大きなポカをする、という話もしておきます。

電車に乗っているときに読書に夢中になって、つい、乗りすごしてしまった、といった失敗はありませんか。

友人からかかってきた電話に熱中し、キッチンで天ぷら油を熱していたことを忘れて火事を起こしそうになった、という経験はありませんか。

夢中になるのはいいが、こうなっては困ります。

仕事に夢中になりすぎるのも、同じです。

仕事の悩みで頭がいっぱいのときは、歩道の段差に気づかずに転倒する危険も出てくるし、歩いてくる人と正面衝突を起こすことにもなりかねません。赤信号に気づかずに横断歩道を渡ってしまうかもしれない。

そんな失敗をする人に、周囲の人たちは「ボーッとしているから、そんなことになるんだ」と嫌味をいいますが、当人は「ボーッとしている」のではなく、ひとつのことに集中しすぎていた分、周りの状況が見えていないのです。

むしろボーッとしているほうが、集中力が散漫となり、キッチンの天ぷら油や道の段差に気づくこともできるのです。

仕事をしている最中に、「ちょっと待てよ。仕事のやり方をこう変えたほうが、もっと効率的になるのではないか。こういう方法でやれば、もっと大きなビジネスに発展するのではないか」と、ふと思いつくことができます。

これも適度に集中力が散漫になっているおかげで、ちょっとしたアイディアを思いつくのです。目の前の仕事に集中しすぎると思考力にゆとりがなくなり、こういうアイディアは思いつかないのです。

みなさんの知っている発想力に長けたアイディアマンと呼ばれる人たちも、よく見れば、ボーッとしながら仕事をしている人が多いと思うのです。

いいアイディアが思いつくと、仕事がいっそう面白くなります。面白がりながら働いていくほうが、モチベーションも長続きします。

この「散漫力効果」も、うまく活用したいものです。集中力も大切ですが、ときどきボーッとすることも忘れないようにしたいものです。

●「自分をほめる」と、仕事に区切りがつく

上司から「こんな実績じゃあ、話にならんぞ」と叱られて、やる気が盛り上がっていけばいいのですが、なかなかそうはならないものです。

「どうしてあんな言い方をするんだ」と、悔しくなり、逆に仕事に身が入らなくなる、そういうケースのほうが多いのではないかと思います。

そればかりではありません。

自分が叱られたすぐあとに、同僚のひとりが「君はよくやっている。その調子で続けてくれ」と、ほめられています。その妬《ねた》ましさから、仕事へのやる気が失せていくこともあります。

職場で働いていると、しばしばこの「悔しい」「妬ましい」という感情に振り回されて、仕事の進捗《しんちょく》ががくんと落ちてしまうものです。

どこかで気持ちに区切りをつけて、へこんだ気持ちを盛り返したいものですが、なかなかうまくいきません。

そこで提案したいのが、「自分をほめて切り替えよう」「自分へのご褒美で、ひと区切りつけよう」ということです。

上司から叱られたら、「あんなわからず屋の上司のもとで、おまえはじつによくやっている。えらいぞ」と我が身をほめると、気持ちがうまく切り替わります。

あるいは、「冷遇されながらも、腐らずにがんばっているじゃないか。そんな自分へのご褒美に、コーヒーでも飲ませてあげよう」と、ちょっと職場を抜け出してください。とりあえず、その場を離れるということは、上司や仕事から頭を切り離してリフレッシュするためには有効です。

実際の職場では、「いちいちやってられない」と思えることも多々あるだろうと思います。そこでシュンとなったまま落ち込んでいくか、それとも立ち直るか、その分岐点はいかに上手に「悔しい」と「妬ましい」という気持ちを捨てられるかにあると思うのです。

そのために「自分をほめよう」「自分へのご褒美を」なのです。

何か「自分を甘やかしている」ようで、すんなりと受け入れられないかもしれません。その人は、自分を厳しく律していくことが仕事で生き残る唯一の方法と信じているのでしょうが、そうではありません。

「自分に甘い」人のほうが、心が折れることもなく、持続力があるのです。自分を甘やかすのが上手い人のほうが、自分をコントロールするのが上手い、そういうことがいえると思います。

●仕事中に、「雑念ばかり浮かんできて」も気にしない

仕事とは「関係ないこと」に気が散って……という人がいます。

夫婦げんかのこと、恋人との関係のこと、自分の将来のこと、出世や給料のこと、昼ごはんに何を食べようということ、テレビドラマの今後の成り行きのこと……など、いまは仕事に集中しなければならない、と自分にいい聞かすけれど、どうしても頭の中に浮かんでくるのです。

私は「雑念が浮かぶのであれば、浮かぶままに任せておけばいいではありませんか」とアドバイスしたいのです。

というのも、こういうタイプの人の仕事ぶりを見ている限り、たいがいは「雑念が浮かぶ」と気にしながらも、それなりに仕事をしているからです。

精神医学に「とらわれ」という言葉があります。

「仕事中に雑念を思い浮かべるのはよくないことだ。仕事に集中しなければ」と強く

思えば思うほど、かえって頭から追い払うことができなくなります。これが「とらわれ」と呼ばれる現象です。もし仕事の妨げになるのであれば、その心労が災いしてのことでしょう。

ですから、むしろ「気にしない」ほうがいいのです。幸いに頭の中はだれからも見えはしません。バレることはないのですから、大らかな気持ちで雑念を楽しんでみてもいいではありませんか。

気にする人は、みずから自分の気持ちを重たくして、みずからを苦しめ、精神的スタミナが削られ、結果的に「途中で挫折する」可能性が大きくなります。

気にしない人は、飄々《ひょうひょう》と生き残っていきます。

●仕事中にインターネットにハマッて抜け出せなくなったら？

いまアメリカの職場では、会議の席にパソコンをもち込むことを禁止する会社が増えているそうです。これを、トップレス・ミーティングといいます。

アメリカではノートパソコンのことをラップトップ（膝の上の意）といいますが、それを頼らずに打ち合わせを行うことから、こう呼ばれるのです。

つい先日まで、会議といえば、参加者は手にパソコン抱えてきたものです。必要な文書や数字がすぐわかるから便利です。またパソコンはメモ用紙や電卓代わりにもなります。

ところが、そのために弊害が生じました。

目の前のパソコンの操作に夢中になって、参加者が「人の話を聞かない」「会議に集中しない」「自分のことばかりやっている」「社員の中には、会議とはまったく関係ないメール送信などをやっている」などです。そこでいっそのこと「会議にパソコンをもち込むべからず」ということになったのだそうです。

困ったことにパソコンは仕事の道具であると同時に、娯楽の道具でもあります。

パソコンで仕事をしている最中に、ふと思いついたことがあってインターネットを起動する。それがきっかけでホームページからホームページへとネットサーフィンし、気づけば三十分も一時間も無駄な時間をすごしていた……といった経験は、だれにでもあるのではないでしょうか。

ある会社で、仕事中に業務に関係のないホームページばかりを閲覧していたために、解雇された社員がいたそうです。会社によってはパソコンを私用で使えないシステムをあらかじめ組み込んでいるところもあるそうです。

パソコンを使っていれば、とりあえず「仕事をしている」ように見られます。それを隠れ蓑にして、容易に仕事をサボることができます。

仕事中に「ハマッてしまう」危険性のあるものは、パソコンばかりではありません。携帯電話、デスクの端に積んである週刊誌、携帯ラジオ、隣の同僚とのおしゃべり、窓から外をずっと眺めたままでいる人もいますし、手にもっているペンをくるくる回すことに夢中になって、仕事がそっちのけになる人もいます。

ハマッたら抜け出せなくなるものは、ことのほかたくさんありそうです。ですが、そういうジャマモノをあまり強く意識しないほうがいいようにも思います。

先ほど述べた「とらわれ」の心理ではありませんが、「こんなことをしている場合じゃない」と思えば思うほど、かえってパソコンや携帯電話、同僚とのおしゃべりから抜け出せなくなり、長々とハマり込むことになります。

自分なりのルールを決めておいたら、どうでしょうか。「ネットサーフィンや、おしゃべりもよし。ただし五分以内、一時間に一回まで」といったように、です。

「断固とした気持ち」を持続させるために必要なものは、「適度な息抜き」です。

断固！ 断固！ 断固！ と、断固のオンパレードで生きている人は、あんがい持続力がないものです。ポキッと折れたら最後、仕事に気持ちが戻らなくなり、二度と「やる気」が起きません。

断固！ 息抜き、断固！ 息抜き……そういうペースでやると長く続けることができると思うのです。

●スポーツや自己啓発は、「毎日やらなくてもいい」がいいペース

職場へは毎日いかなければならないが、自分の意志でやっているスポーツや自己啓発の勉強といったものは、力んで「毎日やる」必要はありません。

しかし、自分の意志で始めたことだからこそ、「毎日やらなければ意味がない」と思い込む意志の強い人もいます。

とはいえ残念ながら、「意志が強い」＝「続けていける人」とはいえないのです。意志の強い人は、えてして、「オール・オア・ナッシング」の考え方にハマッてしまう傾向があります。

一日でも怠けてしまう日があると、「ああ、スケジュールどおりにできなかった」と、ひどい敗北感に襲われて自分を責めます。これまで積み重ねてきたことがすべて「無駄な努力」であったように思えてきて、「こんなことなら、もういいや」と、あっさりと投げ出してしまうこともあります。

ちなみに、こういうオール・オア・ナッシング的な性格をもちやすい人の特徴がいくつかあります。

学校ではずっと成績のいい優等生であった。能力があり、努力家、職場でも一目置かれる存在。反省的。物事を決めつけてしまう傾向がある。目先のことにとらわれやすい。また男性よりも比較的、女性に多い。年配者よりも比較的、若い人に多い。

もし心当たりがあったら、まず考えるべきことは、「どうすれば毎日続けられるか」ではなく、「どうやって、上手に怠け怠けしながら続けていくか」のほうです。

ダイエットや健康のために、「一日一万歩歩く」という目標を立てたとします。けれども毎日、必ず、一万歩歩かなくてもいいのです。なまじ張り切って、必ず、絶対に、何がなんでも、と意気込んでしまうと、しだいに気持ちも体力もつらい状況になってきて、どこかで「もうやめた」となります。

当初は「気の向いたときだけ」でもいい。その「気の向いた」日を週にふつか、週に三日と少しずつ増やしていけばいい。そして、ときにはサボる日があってもいい。何回も言いますが、「無理は禁物」です。「完璧にやろう」と思わなくてもいいのです。

本当のタフマンやタフウーマンというのは、「二十四時間、がんばる」人ではありません。怠ける日があっても、週にふつかであっても、粘り強く続けていける人が、結果として「タフな人」なのです。

この章の「まとめ」

■「無理はしない」は、あらゆることに通じる法則。計画を立てて何かをするときには、自分の力量に適ったものにするのが成功への近道になる。

■ときどき計画のスケジュールを見直すと、また「やる気」が出てくる。モチベーションを維持するには、ときどきの「見直し」が必要不可欠。

■「四十分ごとに、ひと息入れる」というリズムで仕事をすると、ストレスも少なく、効率もよい。疲れを感じる前に「休憩する」のがベスト。

■「自分に厳しく」仕事をする人は、「やる気がなくなる」のが早い。「自分を甘やかせる」ほうが、心が折れることもなく、「やる気」が続く。

■「意志が強い」＝「長く続けていける」は、間違い。気の抜き方、休憩のやり方、自分なりのリラックス法を身につけた人が、長続きする。

第5章
「みんなでやる」と、やる気は続く

●日記は長続きしないのに、なぜブログは長続きするのか

日記を書く習慣をもとうと何度もチャレンジしたが、そのたびに挫折。しかしブログを始めたところ、これはずっと長続きしている、という人が少なくありません。なぜ日記は三日坊主なのに、ブログは続けられるのでしょうか。

理由は、いくつかあるように思います。

「不特定多数の人たちとの交流がある」

「パソコンは毎日必ず手に触れるから」

「手書きの字への劣等感はない」

私は、ここには、すべてのことに通じる「ものを続けていくためのコツ」が隠されているように思います。順番に、その理由を述べます。

まずは、日記を書くのはひとりで進めていく作業ですが、ブログはそれを通して仲間ができる、という点が異なります。

ネットを通して、

「私も同じ意見です」

「面白い趣味をおもちですね」

「こんな情報もありますよ」

と、様々なコメントが寄せられてくると、これは大きな励みになります。

「ブログ友だち」から自分のブログへコメントを寄せてもらうこともあれば、そんなブログ友だちへ意見を送ることもあります。そうしていくうちに、みんなで続けていこうという気持ちが生まれます。

何事も「ひとりで続ける」よりも、「みんなで続ける」ほうが長続きするものです。

たとえばスポーツクラブ。高い入会金を払いながらいかなくなるのは、たいがいは男性です。それに比べて女性のほうは長続きするそうです。

なぜかといえば、男性にはひとりでいく人が多い。片や女性は、ご近所の仲間と連れだって、みんなでスポーツを楽しもう、という人たちが多いのです。

趣味でガーデニングを始めるのも、家庭菜園をやるのも、ひとりでやるよりも、仲間を作ってみんなでわいわいやっていくほうが長続きします。

仕事も同じです。会社や上司への文句をいいながらも、なぜ仕事を続けられるのかといえば、職場には励まし合う仲間がいるからでしょう。

したがって日記も、交換日記という形にすれば長続きするかもしれません。

いや、実際に、若手の社員と先輩社員の間で、交換日記を取り入れている会社もあると聞きました。社長のアイディアなのだそうです。

最近の若い人にはつき合い下手な人が多く、自分の思いをうまく相手に伝えられないそうです。仕事で悩み事があっても自分ひとりで抱え込んで、うじうじと悩みがち。職場の飲み会にもあまり参加したがらない。

そんな若手を救うためのアイディアで、交換日記に悩み事を綴れば、先輩がアドバイスを書いて返してくれる。それで社員同士の意思疎通も深まるというのです。これをきっかけに社内全体のコミュニケーションが深まれば、業績も伸びるでしょう。

手書きの日記を長続きさせるためには、妻や子供たちを巻き込んで、家族日記にするという方法があります。ひとりでやるよりも、みんなでやるほうが楽しい。他人の存在は、いい励ましにもなってくれます。

一は、いつまで経っても一のままですが、一足す一は、二にも、三にも、四にもなっていきます。みんなでがんばれば、やる気も倍増します。

自分ひとりの力など、たかが知れたもの。上手に周りの人の力を借りて、長く続けていくのがいいのです。

●ひとりでは続けられないことが、家族みんなでやると続く

喫煙や禁酒に失敗したのも、「ひとりだけでがんばろうとした」からでしょう。

「みんなでがんばる」のが、きっぱりと悪癖を断つコツです。

「タバコは、あなたの健康のために悪いですよ」と、いくら忠告してもやめようとしなかった人が、「タバコは、あなたの奥さんの健康も害します。受動喫煙で肺がんになって、奥さんに先立たれたら、あなたどうしますか」というと、「それはいけない」とばかりにタバコをやめてしまう。

禁酒にしても、度を越した飲酒がいかに家族にも迷惑が及んでいるかに気づくと、すんなりと断ってしまうケースが多い。

もちろん、家族の応援や励ましがあれば、なおさら成功率が高まります。ですから診察には、家族につき添ってきてもらう場合もあります。ひとりでがんばろうとしても喫煙や禁酒がうまくいかないのは、その背景に「ストレス」があるからです。

仕事の憂さやプレッシャーや、人間関係での悩みや憤り、欲求不満といったものから、たとえ一時であってもタバコや酒のおかげで解放され、気持ちが楽になったという経験を学習すると、それが常習化するようになります。

また対人関係の緊張を和らげるためにタバコや酒に頼る人もいますが、タバコのおかげで間を保つことができた、酒のおかげでリラックスして人と話をすることができた、ということを学習すると、会議の席ではタバコを放せなくなるし、商談などは「一杯やりながら」でないと怖くなります。

喫煙や飲酒をいくらやめようと思っても、仕事や人間関係にはストレスはつきものです。同じようなプレッシャーや欲求不満を感じるような状況に遭遇すると、またタバコや酒に手が伸びてしまいます。

本来であれば、有効なストレス対策を取るほうが先なのですが、それをしないでただタバコや酒をがまんしようと思ってもうまくいきません。

ところが家族の応援の手が入り、励ましの声が届くと、日頃の仕事や人間関係のストレスからも癒されるという効果が生じ、「家族は自分の体のことをこんなに心配してくれているのか。申し訳ない」と、心が安らぎます。

家族の協力を得て禁煙禁酒に取り組むことが、ストレスの多い生活を見直すきっかけとなることも少なくありません。

健康への意識が高い人の家族を調査してみると、その家族では全員が健康への意識が高いことがわかります。たとえば亭主が毎日、健康のためにウォーキングをしている家族では、奥さんは栄養のバランスの取れた健康的な食生活への意識が高く、また同居する祖父祖母、子供たちも健康にいい習慣に積極的に取り組んでいる、といったことがわかってきます。

趣味や、自己啓発の勉強といった面においても同じです。

パッチワークやガーデニングといった趣味を楽しんでいる奥さんのいる家族では、亭主やその他の家族もそれぞれ自分の趣味をもっています。もちろん家族みんなで共通する趣味を楽しんでいるケースもあります。

祖父祖母が老いても歴史や自然観察といった勉強にいそしんでいる家族では、同居しているおのおのが興味のある勉強に取り組んでいるものです。

ひとりでは続けていけないことが、みんなでやれば続けていけます。たとえ別々の趣味であったとしても、影響し合って持続力が養われるのです。

●うるさい相手がいると、「やる気」はなくならない

薬を決められたとおりに飲んでいくのは、あんがいめんどくさいものです。口の中へ薬を入れて、水で流し込むだけのことなのに億劫です。

三、四日なら続けられますが、一週間めの頃からだんだんめんどくさくなり、「まあ、一回ぐらい飲み忘れたっていいや」となりやすいものです。

まあ、薬を一回ぐらい飲み忘れても、症状が急激に悪化することはありません。とはいえ、この「一回ぐらい」ならいいのですが、そこに生じる心の緩みがどんどん広がっていけば、そのうちに五日も十日も薬を飲まない日が続くことになります。

それでも症状に変化がないことに安心して、病院へいくのもめんどくさくなり、まったく薬を飲まなくなり……そのために症状が悪化して、病院へ担ぎ込まれることになります。

その意味では、ひとり暮らしの人よりも、家族と共に暮らしている人のほうが、元気に長生きしている人が多いはずです。すぐそばに、「きょう薬、飲んだ？　忘れてるんじゃないの」と口出ししてくれる人がいるからです。

しょっちゅう口出しされると、「いちいちいわれなくたって、ちゃんと飲んでるよ」と口応えもしたくなるのですが、本当は、口うるさくいってもらわないと、つい飲まないままにしておくことになりがちです。

口出しをしてくれる人に感謝してみてはどうですか。

職場では、「まったくうちの上司はうるさくてしょうがない。わかっているようなことを何度も繰り返して」とグチをいっている部下がいますが、「うるさい上司」のおかげで自分の仕事はうまくいっている……そう思ってみてはいかがですか。

よき上司＝口うるさい上司、よき同僚＝ときに口酸っぱくいってくれる同僚、よき友＝ときに苦言を呈してくれる友、そしてよき伴侶＝耳をふさぎたくなる伴侶、そう思ってみてはいかがですか。

この人たちのおかげで、いまの自分がある。これからの自分もある。ゆめゆめ、疎《おろそ》かに思うべからず。うるさい相手にこそ、「ありがとう。おかげでやる気を失うことなく、長く続けられています」と思うのがいいのです。

●「毎日手に触れる、いつも目に見える」から長続きする

趣味や、自己啓発の勉強を長く続けたいときは、それに必要になるモノを、いつも目が届く身近な場所に置いておくことです。

いちいち探さなければわからないような隅っこへ放り出しておくから、三日坊主に

終わるのです。日記よりもブログが長続きする理由も、そこにあります。

私たちはパソコンを、ブログのために使っているわけではありません。メール、書類作成、ネット検索、写真の整理、音楽鑑賞、ＤＶＤプレーヤーなど、パソコンをもっている人ならば、まったく手を触れないという日はないのではないかと思います。

この「毎日手に触れる」というのも、ブログが長続きする要因です。

ワープロで文書作成している最中、ネット検索をしているとき、ふと「そういえば、きょうはまだブログを書いていなかったな」と気づくことができます。

一方、日記帳は、日記を書くときだけ手元に置いておくものです。それ以外のときは机の引き出しの中や本棚の隅など、ふだん目に見えない場所にありますから、忙しさに紛れてつい忘れがちになります。
二、三日書かない日が続けば、どこに日記帳を置いたかも思い出せなくなり、あちこちをひっくり返して探し出すのも面倒ですから「もういいや」ということにもなりやすいですね。
その意味では、たとえば手帳にちょっとした日記を書き綴っている人は、長続きします。手帳はいつも身近に置いておくものだからです。

教訓としては、毎日目に見える、手に触れられる範囲の場所に必要なモノを置いておこう、です。

どうしても日記帳に書きたいならば、日記をいつも目の届くところに置いておき、ちょくちょく手に取っては、むかしのページを読み返す習慣を作っておくのがいいでしょう。日記帳を「身近なもの」にしておくことが、長続きのコツです。

高いお金を出して英語やペン習字の教材を買ってきたのに、いまだに箱に入ったままになっている人がいます。箱から出さないから、こうなります。その教材で実際に勉強を始めるかどうかは別問題として、まずは箱から出していつも目の届く場所に置いておくことが大切です。毎日見ているうちに、「勉強しよう」という気にもなってくるはずです。

私たちが、いかに忘れっぽい生物であるか、よくよく肝に銘じておきたいものです。ものにあきて、嫌になってやめてしまうという場合もありますが、それ以前に「やるべきことがあったことを忘れてしまう」ために途中で挫折するケースのほうが多いのではないでしょうか。

それでなくても私たちは忙しいのです。趣味や、すぐに役立たない自己啓発の勉強のことなどつい忘れがちになります。

ラジオで語学学習を始めようと思い立ったが、つい放送時間を忘れ、まだテキストを一度も開いたことがないという人もいます。そんな人は放送時間を紙に書いて、机の前に張り出しておくべきです。

「続けていこう」と意気込む前に、「忘れないでおこう」と考えるのが、賢い人です。

●ものを片づけられない人は、なかなか「やる気」が出ない

整理整頓が身についていない人、机の上や周りが散らかり放題になっている人は、間違いなく、何をやっても長続きしない人です。

想像してみてください。

やる気満々で出社しても、散らかり放題になったままの机を見たら、やる気など失

せてしまうではありませんか。

「健康のためにジョギングしよう」と思い立ったはいいが、いざ着替えようと思ったら、トレーニングウエアは部屋の片隅に放り投げられたままになっている。あーあ、と大きなため息が出て、「やめよう。家でゴロゴロしていよう」となるでしょう?

机はきちんと片づけられているからこそ、新鮮な気持ちで仕事に臨めます。トレーニングウエアもきちんと畳まれて所定の場所に置かれているからこそ、「気持ちのいい汗を流しにいこう」という気持ちが高まります。

ものを片づけられない人は、いってみれば「その場限り」の人で、「次のこと」を考えていないのです。

「きょうはよく働いた。あしたもがんばろう」という気持ちがあれば、職場から帰るさいには机の上をきれいに片づけているものです。

「今度の休日には、また走るぞ」と思えば、その日着たトレーニングウエアはきれいに洗濯し、きちんと折り畳んでおくものです。

「あしたも」と「また」のことを考えない人は、その場限りの満足感で終わります。

「次のため」の整理整頓もせしないのでは何をやっても長続きするはずがありません。

身の回りがきちんと整理整頓されていることは気持ちがいいものですが、その清々しさもやる気を高める原動力となってくれます。

新築の家へ引っ越したばかりの人は、表情も明るく、何をするのにも積極的になります。そういう心理学の調査があるかどうか知らないのですが、新築へ引っ越して間もない人は、仕事の生産性も高くなっているのではないかと思います。家がきれいだから気持ちがいい。ものも散らかっていないから、その新鮮な気持ちが自然と、人間がもっているエネルギーを活性化させていくのです。

残念なことに、それが一時的な現象で終わってしまう人もいます。それがひと月経ち、ふた月経ち、家の中がゴチャゴチャな状態になるにつれて、表情は暗くなり、何をやるのも面倒だ、といった調子に逆戻りするのです。

そうなってはいけない。我が家も、職場のデスクの上も、整理整頓が基本です。いつまでも気持ちよく、ものを続けていく環境づくりが大切なのです。

●ペン習字を始めても、長続きしないのはなぜか

「苦手なもの」にやる気を出して長続きさせるのは、とても難しいですね。

たとえば「日記を書き始めたが、三日坊主に終わった」という人の話を聞くと、「字が下手」ということに苦手意識をもっている人が多いようです。

日記を書くたびに、ゲジゲジが這っているような、自分の下手な字を見せつけられることになり、嫌気が差して「もうやめた」となりやすいのです。

その点に関しても、ブログであれば、「下手な字」に悩まされることはないから長続きするのでしょう。ペン習字をやったけれど長続きしなかったという人が多い理由も、ここにあると思います。

社会人になってからペン習字を始める人は大勢いますが、たいていは「字が下手」という劣等感があります。取引先などに手書きで挨拶状を書くとき、パーティの受付で名前と住所を手書きするとき、「字が下手で恥ずかしい」といった理由からペン習

字を始めるのでしょうが、苦手意識を克服することは大変で、結局は挫折することも少なくありません。

つまりペン習字は、趣味で行うものではなく、劣等感の克服といった面が大きいのです。ですから、つらくなり、長続きしないのでしょう。

知り合いのひとりは、メタボ対策のために水中ウォーキングを始めましたが、プールでぽっこりしたお腹を他人に見られるのが恥ずかしいといって、すぐにやめてしまったのです。そこで地上をウォーキングしようということになったのですが、今度は、自分みたいなオジさんにはトレーニングウエアなんて似合わない、恥ずかしい、といってまたやめます。

仕方なく高いお金を出してフィットネスバイクを買って、自宅で運動を始めることにしましたが、これまた三日坊主。

この人は、もともと体を動かすのが苦手だったのですね。それでは、苦手意識があるものは永遠に克服できないのかといえば、そうではありません。

宮大工や陶芸、漆器といった伝統工芸の分野で、名人と呼ばれるような人、人間国宝になるような人たちの話を聞いていて、いつも面白く思うのは、必ずといっていいほど、「自分は若い頃、不器用だった。テクニック的には、決して秀でていたほうではなかった」という話が出てくることです。そんな不器用な若手職人が、どうやって名人と呼ばれるような技術を身につけることができたのか。

取りも直さず「長く続けてきた賜物《たまもの》」なのだろうと思います。

また、こういっては名人の方々に失礼になるかもしれませんが、日本人には「下手なもの、不器用なものを愛好する」という心情があります。

茶碗など、そういう傾向があります。均整の取れた、いかにも美しい茶碗よりも、不格好で、失敗作ではないかと思われる茶碗のほうが「味がある」ともて囃《はや》されることがあります。

ある陶芸家がいうには、テクニックは長年やっていれば、だれでもそれなりに上達する。それよりも大切なのは、自分にしかできないものを身につけることなのだそうです。

日本には、「ヘタウマ」という評価基準もあります。絵画やマンガなど、テクニックに優れたものよりも、素人でも描けそうな「ヘタ」なものが、「実はウマイ。個性的だ」と評判を呼びます。

「字が下手」という苦手意識がある人は、「上手な字を書けるようになりたい」と思ってはいけないのです。そう思ったら、ペン習字が長続きしないのです。

「味のある字を書けるようになりたい」と思ってほしい。それは不器用な自分を、不器用なままに「活かす」ことに繋がり、長続きするのです。

プールでぽっこりしたお腹を出すことも、オジさんオバさんが似合わないトレーニングウエアを着込むのも、なかなか個性的で味があっていいと思えばいいのではありませんか。実際、そういうものです。

苦手なものこそ、大切に扱ってほしいものです。続けていくうちに、その人ならではの個性に生まれ変わる宝です。

「宝を捨てる」のはバカげています。時間をかけて「活かす道」を探ってほしいのです。そう思っていれば、長く続けられます。

この章の「まとめ」

■「日記友だち」はいないが、「ブログ友だち」はいる。何事も「ひとりで続ける」よりも、「みんなで続ける」ほうが容易にできる。

■「タバコは、あなたの健康に悪い」というだけでは禁煙できない。「あなたの奥さんが受動喫煙で肺がんになる」というと、禁煙できる。

■身近にいる「口うるさい人」には、ひそかに感謝しよう。カチンとくることもあるが、その人のおかげで「続けられる」ことも多い。

■続けるために必要なモノは、「毎日、目に見える」「毎日、手に触れられる」範囲の場所に置き、「身近なモノ」として扱う。

■片づけができる人、整理整頓ができる人は、いつも新しい気持ちで活動している。これができない人は、なかなか「やる気」が続かない。

第6章
人との関係を「長く続ける」、こんな方法

●人の話に耳を傾けない人は、人間関係をつくれない

「気の置けない友人がいない」
「何度も離婚をした」
「恩人と呼べる人がいない」
「個人的な悩み事を相談できる人がいない」
「どこの部署へいっても上司とソリが合わない」
「異動願いばかり出している」
「転職を繰り返す」
「近所の人とトラブルとなって、よく引っ越す」

このような人は、たいてい人の話を最後までちゃんと聞けない人のように見えますが、いかがですか？

「自分の気持ちはこうだ。おまえの気持ちなんて知ったことか」では、人間関係は成

り立ちません。このタイプの性格的な特徴は、自己中心的ということ。主張するばかりで、相手へのやさしい心遣いや、尊重するという態度が感じられないのです。

やがて相手は、去っていきます。自分のことを大切に思ってくれない相手と「友だちになりたい」「一緒にがんばっていきたい」と思う人などいないですね。

「人の話を聞く」には「自分の話をする」以上に、大きなエネルギーが必要になってきます。その上、相手の話が退屈であったり、わかりきったようなことを長々と話されたり、以前に聞いたようなことを繰り返されたり、聞きたくもない話題をもちかけられたりすれば、「もう、わかりましたから」と席を立ち上がりたくなる……という気持ちは、私もわかります。無駄なエネルギーと時間をただただ浪費しているかのように思えてきます。

「人の話をちゃんと聞く」ことは、実際にはなかなか難しいものです。

「人の話を聞くのが上手」な人は、どんなに話が退屈で長くても、おだやかに、「はい。そうですねえ。まったくです」と上手に相づちを打ちながら、笑顔で最後までつき合います。

こういう聞き上手の人は誰からも慕われ人望もあるものですが、私は、「人の話を聞きながら、あきあきしてくることはありませんか」と尋ねたことがあります。

当然「ない」という答えが返ってくると予想していたのですが、その人は「ある」と答えました。

「あきあきしてきたら、どうするんですか」と、私。

「聞いているフリをしながら、頭では別のことを考えているんですよ」と、その人。

思わず、「なるほど」と唸ってしまったのです。

●「聞いているフリ」ができる人ほど、いい印象になる

相手の話を、いつも「誠意をもって聞く」必要はありません。「聞いているフリをする」だけでも、人間関係はうまくいくのです。

誠意をもって人の話を聞こうとすればするほど、長々とした話にストレスが溜まってきて、「あきあきした顔」「イライラした態度」を露骨に見せてしまうことになり、

相手に不快感を与えることになります。

「聞いているフリ」なら、それほどストレスも溜まりません。笑顔を作って相づちを打ちながら、「聞いて（いるフリ）」いられるのです。

さて、ストレスなく話を聞くという意味では、こんな方法もあります。

たとえ「フリ」だろうとなんだろうと、このほうが印象はよいのです。

あらかじめ時間を決めておく方法です。

次のスケジュールが詰まっていて時間的な余裕のないとき、際限なく長話をされるというのもストレスが溜まるものです。

とはいえ、途中で「忙しいので」と話を遮るのは、相手に不快感を与えます。最初に「約束があるので、十分しか話を聞けないのですが」と断っておけば、嫌な思いをさせることはありません。相手も、そのつもりで話してくれますから、こちらのストレスにはなりません。

ちょっと視点を変えて、相手にあきあきさせずに話を聞かせるコツについて述べます。それは「込み入った内容」の話はしない、ということです。

あるミステリー作家は、十代向けの、いわゆるジュニア小説を書く場合には、凝りに凝ったトリックを張り巡らしたものにするそうです。話は込み入って読むのに苦労はしますが、十代の若者には、それについていくだけの活力があります。また、そういう凝ったミステリーでなければ物足りなさを感じてしまうものらしいのです。

ところが、大人向けのものを書くときに凝ったトリックを書き込んでいくと、途中で放り出されてしまうのだそうです。

それでなくても仕事や、あれやこれやの人間関係で疲れています。そんな大人には、凝ったトリックを解きほぐしていくだけのエネルギーがほとんど残されていません。疲れた頭でも読めるように、筋立てや文章を「やさしく」するそうです。

私たちは、相手に納得してもらいたい、いい話をしたいという気持ちが強くなると、つい「凝った話」をしがちです。ところが、頭を使わなければ謎を解明できないような話は、最後までは聞いてもらえないことも知っておきたいものです。

「話す人」にも「聞く人」にも、それなりの相手への配慮が必要ということでしょう。そういう配慮の積み重ねが、人間関係を長く続けていくコツでもあるのです。

●「浮気をするぞ」と口に出す人は、夫婦関係が上手

夫婦関係においても、相手への配慮が大切なのは当然です。これがないために離婚にいたる夫婦は少なくないですね。

「うちの亭主なんて、うんざり。俳優の○○と浮気してみたいわ」「女房なんて、あきあきだ。もう、浮気してやるぞ」などと友人と冗談をいい合っている人は、実際には浮気などしません。

危ないのは、日頃、浮気のウの字も口にしない人のほうでしょう。

人間には必ずマイナス面があります。抜群のスタイルと美貌のもち主であろうとも、料理が下手かもしません。仕事ができて、将来有望で、口もうまい男が、とんでもない浪費家であるかもしれません。

熱愛中は相手のプラス面ばかりに目が行きますが、長い夫婦生活をしていくうちに相手の欠点ばかりが気に障ってくることもあります。

愛情がだんだん冷めてきて、ふと、浮気心に揺れることもあるのでしょう。ただし、それを行動に移して本当に浮気をすることとは別次元の話です。

好きな俳優に熱を上げたり、お酒を飲みながら芸能人の○○がいいなどといって盛り上がるのは、長年一緒に暮らすうちに溜まっていく夫（妻）へのあきあきした気持ちや不満を、解消しているのでしょう。それだけで気持ちは晴れて、実際の浮気に走ることはなくなります。

一方、浮気のウの字も口にしない人は、どうなのでしょうか？

本当に、何年経っても相手に惚れ込んでいるのであればいいですが、本当はあきあきして不満もあるのに、ひたすらがまんしているだけという場合、ふとした出会いがきっかけとなり、一気に本当の浮気へ走ってしまうというケースがあります。まじめな人の浮気ほど深みにはまるというのには、そういう意味があります。

ほどほどに夫以外の男性に熱を上げたり、友だちに妻への不満をこぼしたりするのは、これからもずっと「長いつき合い」をやっていくヒケツとなります。親しい人間関係を続けるには、お互いに「適度なガス抜き」が必要なのです。

●「こうあるべき」で、部下や子供から疎んじられる

上司であれば、あるいは親であれば、部下や子供から尊敬されていたい、慕われていたい、という思いをもっていると思います。しかし、部下はいうことを聞かず、子供はそっぽを向くのですから悲しいですね。

なぜ、そうなるのか。ひとつの理由に、自分の考えを「こうあるべきだ」と押しつけるからだろうと思います。

「高校生なのだから、いまは友だちと遊ぶことよりも、勉強を優先させるべきだ」「実力がないのに、そんな無謀なことをすべきでない」などと。

部下や子供のことが憎らしいのではありません。親身に思って、「こうしたほうがいい」とアドバイスをしているのですが、口にしていうと、「こうあるべきだ」的な口調になってしまうのでしょう。

問答無用で「べきだ」と頭を押さえつけられれば、子供や部下は「うっとうしい」

と反発します。親や上司は「可愛いやつ」と思っているのですが、その本心はなかなか相手には伝わりません。「こうあるべきだ」という前に、「あなたはどう思うか。あなたは何をしたいのか」と聞いて、まずは相手の話に耳を傾けるようにしてみてはいかがですか。最後まで聞いてあげるとだいぶ違う結果になると思うのです。

そして意見を押しつけるのではなく、「ふたりでもっともよい方法を見つけ出していこう」という態度を示すことが肝要です。

「一方的な押しつけ」ではなく、「よき話し合い」を目指してください。話し合っていくことが何よりも、よき親子関係、上下関係を長続きさせていくコツとなります。

人との関係が途切れる要因のほとんどは、この「一方的な押しつけ」だろうと思います。いくら自分では正しいと思っていても、まず相手の話を聞く、そういう態度を示すことが必要だろうと思います。相手も話しているうちに自分の間違いに気づき、あっさりと意見を取り下げることもあります。そういう展開になることをイメージしていれば、おだやかに話し合えると思います。

●「いい束縛」があってこそ、人間関係は続く

「こうするべきだ」という言い方で相手の自主性を束縛し合うのでは、その人間関係は長続きしません。が、人間関係は、どこかで束縛し合うものであるのも事実です。

子供は、親の意向をまったく無視して、何をやってもいいというわけではありません。部下であれば、上司にお伺いを立てずに勝手に行動するわけにもいきません。

これは親や上司としても同じです。子供のためを思って、やりたいことをがまんする親もいます。上司は部下のために、自分の行動を制限させられることもあります。

結婚生活も束縛です。

「束縛」というと悪い面ばかりが強調されがちですが、必ずしもそういうわけではありません。

ときどき、「結婚してからも、お互いに束縛しない生活をしたい」という人がいます。そういう気持ちは半分は理解できますが、私の経験からいえば、そのような夫婦

は途中でうまくいかなくなる場合が多いように思います。

お互い干渉せず、それぞれが好き勝手に生きていくというのでは結婚生活は成り立ちません。いずれ独身のままでいるほうがいい、という結論に達するのは当然です。

人間関係に束縛はつきものだという前提に立たなければ、およそ人づき合いはできなくなります。しかし、だからこそ先ほども述べましたが、「話し合う」ことが大切になってくるのです。

束縛し合いながらも、どのように「アイムＯＫ、ユーアーＯＫ」という関係を築いていけるか、お互いがストレスなくつき合っていける接点を見出すか、ということが大切になってくるのです。

●「忙しくて会えない」相手にも、ちょくちょく連絡を取る

「仕事の上でのつき合いはあるものの、仕事以外での友人づき合いといったものはほとんどない」という人が少なくありません。

現役の頃は、夜は職場の同僚とお酒にカラオケ、休日には取引先とのゴルフと、お誘いがこない日はないほど人づき合いに大忙しだった人が、定年退職してみると声をかけてくれる人がひとりもいない。そこで、「自分には本当の友人はひとりもいなかったのだなあ」と実感させられる、といったケースも多いようです。

定年後、毎日家でぶらぶらし、そのうちに気鬱《きうつ》にかられるようになってきて体調もおかしくなる、という人もいます。

現役時代、長い友人としてつき合っていけそうな相手との出会いがなかった、というわけではないのです。何かの会合、旅行先、ご近所での集まり、そんな折りに意気投合する相手とは必ず出会っているのです。けれども、「また近いうちに、ゆっくり話をしましょう」が、口約束で終わってしまいます。仕事に追われてバタバタしているうちにすっかり忘れてしまいます。

いい友人になれそうな、せっかくのチャンスを逃すことになります。

私たちは日々、たくさんの人に会っていますが、いい友人、いい話し相手と出会えるチャンスは、そう多くはないものです。

確かに仕事は忙しいでしょうが、いまは通信手段が多様になっています。時候の挨拶状から始まって、電子メール、相手がブログをやっていればコメントを入れてもいいでしょう。

ちょこちょこと連絡を入れて、細い糸一本だけでも「繋《つな》がっている」という気持ちが大切だろうと思います。そういう気持ちでいれば、いつか必ず会えるはずです。

●「仲直り」がうまい人は、先に「ごめんなさい」という

仲直りするノウハウをもっておくことは、人とつき合っていく上で不可欠です。

出会った当初、どんなに意気投合した相手でも、関係が深まっていくにつれて、「え？　あの人って、こんな人だったの」と呆然とさせられたり、気持ちがすれ違うことがあったり、口げんかになることがあります。

そんなときに、一方的に相手を、「悪いのは、おまえのほうだ。おまえが、ああだから」と非難したのでは、お互いの関係に終止符が打たれます。

夫婦関係などは、とくにそうです。長いつき合いで、それも毎日毎日顔を突き合わせるのですから、けんかはよく起こります。

服を脱ぎっぱなしにしておいた、夜の八時になってもまだ食事の支度ができていなかった、お金の無駄遣いをした、洗面所の使い方がどうのこうのと、日常生活のささいな出来事のすべてが、けんかの種になります。

そのさいに「悪いのは、おまえだ」「いや、あなたよ」と非難し合っていたら、もう離婚ということになってしまうわけですが、ほとんどの人はそんなパワーはないから、仲直りの道を選びます。これはそう難しいことではなく、「ごめん、これから気をつける」と謝ればいいことです。

問題は、どちらが先に謝るか、です。自分のほうから先に謝るのは悔しい。

ここは、「順番に」という、暗黙のルールを作っておきたいものです。この前は向こうが先に謝ったから今度は自分が先に、次はまた向こうから先に……という具合に、たとえ自分は悪くないと思っても、順番がきたときには「ごめんなさい」と先に頭を下げる。これが「夫婦のバランス関係」だろうと思うのです。

つけ加えれば、謝るのは早ければ早いほどよい。遅くても翌日まで。これも暗黙のルールとしてください。これで、長いつき合いになります。

●「長所を認め、欠点を受け入れる」関係が、長続きする

「相手の長所は認める。相手の短所は認めない」という関係は長続きしません。

「相手の長所を認め、短所も受け入れ合う」という関係が長続きするのです。

あなたは、だれかから、「あなたには幻滅した」といわれた経験はありますか。なかなかキツイひとことですが、そういわれても困る。こちらは、ふつうに、いつも通りに、自分らしく暮らしていただけなのに幻滅したといわれても……。

相手は、あなたが他の人にはない、いいところをもっていると認めたから、長くつき合っていきたいと思ったのでしょう。

が、長くつき合っていけば、欠点もアラも見えてきます。「あなたはどうしていつもそうなのよ。その性格を直してくれれば、もっとうまくいくのに」と非難がましい

ことばかりいっていると、出会った当初は親しみを感じていた相手の長所も見えなくなってくるのです。

「いい上司」と思っていたのに、どこにでもいるような、いや、それ以下の「困った上司」のように思えてきます。「理想の恋人」であったはずの相手も、自分をだました「とんでもない男」のように思えてきます。

こうなったらもう別れるしかなくなります。

だれでも欠点をもっています。自分にもあれば、相手にもあります。その欠点をお互いに受け入れ合うことも、長くつき合っていくコツです。

いいかえれば、つき合っていくうちに見えてくる相手の欠点を受け入れる包容力があってこそ、相手の長所も色褪《いろあ》せることなく魅力的に感じていられるのです。

寛容であることの大切さを、もういちど考えてみたいものです。相手の欠点ばかりに目がいくときは、相手の長所を忘れている――そういう人間心理もわかっていれば、冷静に対処できるのではないでしょうか。

この章の「まとめ」

■相手の話を、いつも「誠意をもって聞く」必要はない。適当に気を抜き、「聞いているフリをする」だけでも、相手との関係は長く続く。

■人と人とは、「話し合う」ことで関係が長く続く。ところが、どちらかの「一方的な押しつけ」があると、その関係は一気に壊れる。

■「こうするべきだ」という言い方で、相手を束縛してはならない。だからといって、まったく「束縛しない関係」では、いい人間関係が成立しない。

■なかなか会えない人には、さまざまな通信手段を使ってでも「繋いで」おく気持ちが大切。いつか出会い、また、関係が復活する。

■人と「仲良くなる技術」も大切だが、「仲直りする技術」はもっと大切。行き違いがあってけんかになったときは、「先に謝る」ことを心がける。

第7章

タイプ別・「やる気」をなくさない工夫

●すぐに「責任を取って辞めます」という「まじめタイプ」

まじめで、誠実な人というと、こつこつと粘り強く努力を続けていく力があるように見えますが、あんがい、このタイプには持続力がないのかもしれません。

たとえば、サッカーやプロ野球の監督です。負け試合が続いたことや、チーム内での内紛の責任を取ってシーズン途中で退任するような人は、たいていは、まじめタイプです。

私たちの職場でも、「思うような結果を出せなかったのは、すべて私の責任です。このプロジェクトからははずれさせていただきます」といい出すのは、仕事に懸命に取り組んでいるまじめな社員です。

潔いのですが、それでいいのでしょうか?

結果が思わしくなくても、周囲からどんなにバッシングを受けても、粘って劣勢を跳ね返すまで「やり続ける」という責任の取り方もあるように思うのですが……しかし、このタイプはそれができないのです。

というのも、「責任を取る」といいながら、実際には「責任というプレッシャーに押し潰されてしまった」というケースも多いように思うのです。

順風満帆なときは、いいのです。生まじめタイプが、粘り強く努力していけるのは、うまくいっているときです。会社の業績は順調に伸び、職場の人間関係にはまとまりがあり、家庭生活もそれなりにうまくいっています。

日本の高度成長期はこういう右肩上がりの時代でしたが、この時期に力を発揮していたのは滅私奉公型の、生まじめタイプの人たちでした。

ですが苦境には弱い。とくにバッシングを受けたときです。

性格がまじめなだけに責任を強く感じて、「自分がこのポストにいるために、うまくいかないのではないか」という思いに走りやすいのです。

ちなみに、うつ病となるのも、このタイプが多いのです。

私がここでいいたいことは、責任がどうしたこうしたと、あまり気負いすぎないほうがいいということです。どうせ「責任を取って辞める」のであれば、初めからもう少し、いいかげんな気持ちでいるほうがいいのではないでしょうか。「自分のやるべきことを果たしてきた。それで結果が出なかったのは、他に要因があったからだろう。自分の責任なんかじゃない」と。

そうやって開き直ってしまうことで、「やる気」を失うことなく、いまの仕事を続けていくことができます。

いまの立場から離れれば、束の間はプレッシャーから解き放たれますが、急いで辞めてしまったために、自分の人生がますます苦境へ陥ってしまうこともあります。「責任を取る」という決断は、そう急がずに、慌てずに、多少時間をかけて下すほうがいいのです。

●「凝り性タイプ」の人は、自己プロデュース力が足りない

興味をもっているものには寝食も忘れて熱中するのに、そうではないことはすぐに放り出してしまうのが、凝り性タイプです。

このタイプは人間関係があまり上手ではなく、ひとりでこつこつと努力を続けていく、あるいは個人的な発想力を活かすような仕事を得意としています。エンジニア、企画開発、研究者といった職業、いわゆる職人気質が強いといえます。

会社では、そうそう自分が希望する職種に就けるとは限りません。人事異動もあれば、関連会社への出向だってあります。出世すれば部下とのつき合いや、取引先との接待などに費やされる時間も増えます。

希望の職種に就けたとしても、利益第一の会社の都合で、「やりたいようにやらせてもらえない」という不満も出てくると思います。

そういうことがきっかけとなり、このタイプの人は少しずつやる気をなくして、投げやりな態度になってしまう傾向があります。

どちらかというと職人気質なこのタイプは、こういうときに自己主張するのではなく、何もいわずにヘソを曲げて投げやりな態度になります。

また自己主張したとしても、「そんなことはやりたくない。嫌だ嫌だ」と、つっけんどんな要望を繰り返すばかりで、「これをやらせてもらうのが、自分がもっとも能力を発揮できるのです。それが会社にとっても、もっとも有益なことであるはずです」といった自己プロデュースをすることがうまくないのです。

ノーベル化学賞の田中耕一さんは、役員への昇進を「自分は研究者として現場で働き続けたい」という理由で辞退したという話を聞きました。

想像するに、「嫌だ嫌だ」と我を張ったのではないと思います。相手を「なるほど。そういわれてみれば、その通りだ」と納得させるだけの、自己プロデュース力があったのでしょう。凝り性タイプは、自分の好きな分野で長く活躍し続けるために、この自己プロデュース力を備えなければならないように思います。

●「目立ちたがり屋」は、オリジナリティで勝負する

周りの人たちがやる気になっているときにはあまり気乗りせず、周囲が停滞気味のときに、がぜん「やる気」を出すという、ちょっとひねくれた人がいます。

目立ちたがり屋で、虚栄心が強いタイプです。

先頭に立って突っ走っていくような仕事にはやる気まんまんですが、日陰に追いやられるとまったくパワーが出ないのです。このタイプは大きな自己矛盾を抱え込むケースが多いようです。

もともと、花形と呼ばれるような部署に身を置くのが好きで、もちろんその人自身に抜群の能力があり、先頭に立つ花形部署の、そのまた先頭に立って突っ走っていける人材であればいいのですが、もしそうではなかったら……。

花形部署には、社内のやり手たちが集まっています。そんな中で三番手、四番手に甘んじるようなことになると、たちまちやる気が萎《な》えてしまいます。

だからといって、陽の当たらないような部署に退けば、それはそれでやる気にならないのです。結局、どこへいっても「うまくいかない」ということにもなりかねないのが、このタイプです。だから私は、「人と競い合う」よりも、「人のやっていないことをする」という戦略に切り換えるほうがよいのではないかと思います。

わがままをいって、やりたい放題のことをするのでは困ります。成功する見込みのないことに執着する、というのもうまくありません。

しかし、独創性を活かして新しい分野を開拓したり、人の真似できないような手法を編み出したりして、「ここは自分の独壇場だ」という足場を確保できれば、この人のモチベーションは周りの状況に関係なく持続するはずです。

芸能界で長く生き残っている人は、その人なりのオリジナル芸をもっています。逆に、いつの間にか消えていくのは、その場の勢いだけで目立っていた人です。

芸術全般を見渡してみても、若い頃から晩年までずっと活躍し続けることができる人の作品には、ひと目見ただけで「これは、あの画家の描いたものだな」、音楽の一小節を聞いただけで「あの作曲家だ」とすぐに想像がつくものです。

これが、「オリジナリティで勝負」と、お勧めする理由です。

●理想を求めて転職を繰り返す「完璧主義タイプ」

比較的、若い人に多いのが「完璧主義タイプ」です。

「希望していた仕事ができない」

「こんなくだらない仕事はやってられない」

「給料が悪い。待遇がよくない」

「理想の上司に出会えない」

という理由から、異動願いを何度も出したり、転職を繰り返したりするようです。

どのような仕事でも、不満な点はひとつかふたつかあるものですが、ある程度の社会経験がある人は、そういうことがあっても、上手に妥協して働いていくことができます。長く続けていくためには、妥協することが必要なのです。

しかし若い人たちは、仕事や上司に妥協することは許せないこと、自分に負けることと、夢を捨てること……と思っているようです。

妥協せずに自分の思いを貫くというのは、一見清々しい態度に見えますが、心理学的にいえば、その背景にあるのは劣等感です。

能力的に劣っている、一流大学を出ていない、学生時代成績が悪かった、人よりも根性がない、アイディアがない……と、そういう現実が自分にあることに薄々気づいているのですが、それを認めたくないという気持ちが強いのでしょう。もちろん、周りの人たちにも知られたくないという思いから、自分の理想にこだわるのでしょう。けれども、ひどく現実離れしたものがほとんどです。

私は、つまらない理想主義など捨ててしまいましょう、といいたいのです。その情熱を、もっと現実的なことに注ぐほうが、はるかに役に立つはずです。

現実から学び取れるものは少なくありません。生きた仕事の、そして人生のノウハウの数多くを自分のものにできます。理想を追い求めるのであれば、そういう現実的なノウハウを身につけてからでも遅くないのではないかと思うのです。

●「人に振り回されやすいタイプ」は、やる気が削がれる

「思いやりがあって、人にやさしい人」

「職場の同僚が困った様子をしていると、助け舟を出さずにはいられない人」

「八方美人的なところがあって、頼み事をされると、ちょっと無理めなことでも笑顔で引き受けてしまう人」

……いわゆる、いい人タイプは、どちらかといえば自分のことより他人を優先し、そのために周囲に振り回され、自分がしなければならないことが後回しとなり、大事なことが中途半端に終わってしまうことがあります。

子供たちにごはんを食べさせることに一生懸命になって、自分は食事ができなくなるお母さんの姿に似ていると思います。ですが職場で「自分の食事」ではなく、「自分の仕事」を他人のためにしばしば停滞させてしまうのは問題です。

私は、健全なエゴイズムをもつことは、とても大切なことだと思います。人のことより、まずは自分のことが優先です。例えば――

■だれかが困った顔をしていても、あえて見て見ないフリを。

■できないことや、できそうもないことも含めて、引き受けない。

■ダメなものは、はっきりとダメという。

このように、「まず、自分」と考えてこそ、自分の仕事を最後まで続けていけます。エゴイズムというと何かと悪者扱いされますが、最後まで何かをやり遂げようと思えば「健全なエゴイズム」は必要不可欠です。

●椅子の座り心地が悪いだけで「やる気」も失う「神経質タイプ」

「きょうは、椅子の座り心地がなんとなく悪い。どうもしっくりこない」というだけでカッとなり、すっかり「やる気」をなくしてしまうのは神経質タイプです。

生まれながらにそういう性格の人もいますが、私はむしろ、仕事や生活環境から「神経質になっている」という人のほうが多いのではないかと思います。

神経を使う細かい仕事に従事したり、仕事のストレスや重圧が負担になっている生活を続けていくと、やがて神経がピリピリとした状態になってきます。

ふだんなら気にならないような「椅子の座り心地」「洋服の着心地」「ペンのもち具合」「ちょっとした物音」「その日の湿度や気温」といったものまで気になり始め、気持ちが落ち着かず、仕事が手につかなくなります。

改善するのはそう難しくありません。要はストレスを取り除いてやればいいのですから、散歩をする習慣をもったり、気分転換になるような趣味をもったりして、心のメンテナンスを怠らないようにしてください。

神経質になりやすい人は、性格的には基本的に善良で誠実な人です。

ストレスさえ溜まらなければ、そんな自分のいい面を活かすことができるようになります。ささいなことは気にならなくなり、仕事に打ち込めるようになるでしょう。

●「不器用なタイプ」は、自分の殻を破るまで続けよう

器用タイプはものを習得するのは早いけれども、ある程度のところまでいくと投げ出してしまう場合があります。ウサギとカメでいえば、「ウサギ」タイプです。

一方、カメの不器用タイプは、要領が悪く、ひとつのことを習熟するのに人の二倍三倍の時間がかかります。周りの人たちと同じくらいの努力をしているのに、自分だけはちっとも才能の芽が出てこないという状況に置かれやすいものです。

そんな先をいく人の背中を眺めながら焦りも感じますし、「これ以上がんばったって、自分はダメだ」と、いじけた心も生まれてくるでしょう。

上司からは「いつまでモタモタしているんだ。君の同期の○○さんは、もうとっくにマスターしているじゃないか」と嫌味もいわれるでしょう。

すっかり腐ってしまい、「もうやめた」となる人もいます。

しかしカメのように遅い歩みでも、自分の殻を破るまで精進を続けることができれば、器用タイプを凌《しの》ぐほどの成功をするケースは少なくありません。

私の年代のプロ野球のヒーローといえば、長嶋茂雄選手、野村克也選手です。特に長嶋選手は巨人軍という名門チームに所属していましたから、毎日のようにスポットライトが当たり、スポーツ新聞の一面を飾っていました。

「長嶋がヒマワリならば、自分は月見草だ」と述べた野村克也さんは、このカメタイプ、不器用タイプの人ではないかと思います。

高校野球の世界では野村さんはまったく無名の選手で、テスト生として当時の南海ホークスへ入団しますが、それは「壁」としての採用でした。

「壁」というのは、ブルペンキャッチャーのことで、いわばピッチャーの練習相手。試合に出るチャンスなどまったくなく、まともな練習さえさせてもらえないのです。

来る日も来る日もブルペンでピッチャーの相手をするだけです。しかしその「壁」さえ続けていくことができなくなります。「おまえはもう見込みがない」と退職勧告を受けたのです。そのとき野村さん、「クビにだけはしないでくれ」と監督を泣き落として、どうにか野球を続けさせてもらったそうです。

東京六大学のスターから巨人軍へ、という陽の当たるコースを軽快な足どりで上りつめた長嶋さんと比べて、野村さんは陽の当たらないコースを時間をかけて一歩一歩、歩いてきたのです。それが、先ほどの名言につながります。

壁としてであろうが、監督に何をいわれようが、同年代の選手がどんなに自分より先へいっていようが、腐ることなく黙々と野球に打ち込んだ結果、大選手となり、いまも名監督、名解説者として活躍しています。

「大器晩成」というのは、続けてきたからこその姿です。

続けていくことで月見草も、だれにも負けない花を咲かせることができます。

太宰治は「富獄百景」の中で、月見草を「金剛力草《こんごうりきそう》とでも言いたい」と記しています。富士山の前でも動じることなく、堂々としている姿に感動してのことです。

●「移り気な人」には、天才的な人が多い

「やる気がない」というのではなく、「不器用」というのでもないのですが、何事も長続きしない人がいます。移り気タイプです。

好奇心が旺盛で、あちらが面白そうだと思えば、いまやっていることを放り出して走っていく。こちらのほうが楽しそうだと思えば、またこちら……と、花の上をあっちこっちと飛び回っていく蝶のような人です。

この移り気タイプの人には、天才肌が多いようです。

たとえばレオナルド・ダ・ビンチが、このタイプだったといわれています。

ご存じのように、ダ・ビンチの作品には完成品はあまり多くありません。

まあ未完成であっても傑作には変わりはないのでしょうが、新しいことに興味をもつと、とにかくそちらへ走っていかなければ気が済まない性分だったようです。

このタイプの長所を列挙しておきます。

■発想が奇抜。常識にとらわれない。
■行動的。決断が速い。
■社交的。人脈が広い。
■楽天的。立ち直りが早い。

「こうすれば面白くなる」ということは次から次へと思い浮かび、それに加えて行動的ですから、先日提出した企画書の稟議《りんぎ》が通ったばかりなのに、また新しい企画案を出そうとします。いまやっている仕事が進行中なのに新しいアイディアの準備に取りかかり、結果的に中途半端のまま放置された仕事が山のように溜まっていくこともあります。

アイディアが浮かんでも、しばらく「寝かせて」おいてはいかがですか。「思いついたら矢も楯もたまらなくなり、すぐ動く」というのは、この人の長所でもあり、欠点でもあるのです。すぐに行動に移すのではなく、まずはいまやっている仕事を続けながら、思いついた「アイディアを練る」という期間にしてみてはどうでしょうか。

アイディアというのは、思いついたときには、「これはすごい。画期的だ」と思ってしまうものですが、よく考えてみれば陳腐なものも少なくありません。もちろん、画期的な場合もありますが、どちらにしても、練り上げればさらによくなるのですから慌てることはないのです。

ひとまずはいまの仕事にメドがつくまで待って、その間にじっくりと検討を加えてみても遅くはないと思うのです。

●「慎重な人」は、やる気が続く

移り気タイプは、決断は速いが、方針がころころ変わるという面もあります。見込みがない、もっといい手段があるとわかれば、即座に転身をはかります。これは「がんばっていれば、どうにかなるんじゃないか」と粘って、ますますドツボにハマってしまうよりはいいけれども、朝「こうしよう」といっていたはずのことが、夕方には「これじゃダメだ。別のやり方でいこう」と方針が変わってしまうので、周りにいる人たちは大いに振り回されてしまうことになります。

方針を変更するのはいいとしても、独断で走っていかないこと。周りの人たちに、事前に十分な説明と根回しをしてからにしてほしいものです。

また、このタイプは社交的です。人づき合いがよく、好奇心が旺盛で、職場の狭い人間関係から飛び出して、多方面の分野に人脈を広げていく才があります。

それはいいとしても、その社交先の人から聞かされる話に感化されて、またぞろ方針を変えてしまうところが注意点といえそうです。

確かにビジネスマンにとって、情報は大切なものです。だれよりも早く有用な情報を仕入れて仕事に役立てたいのは当然でしょう。

ただし、世間に乱れ飛ぶ情報には、確かなものもあれば、いいかげんなもの、根も葉もないもの、誤解にもとづくもの、まったくのデマ……と様々です。うっかり信用して痛い目にあった、という話も少なくありません。

ここでも必要になってくるのは、慎重さです。すぐに飛びついて、行動に移してしまわないこと。必ず情報源を確認し、「裏を取る」ようにしてください。何日かは懐の中で温めておき、その間にじっくり吟味することをお薦めします。

さて、このタイプは、とても楽天的です。

少々の失敗ではへこたれず、落ち込むことがあっても、立ち直りが早い。ただ、そういう一面が周りの人たちに「いいかげん。ふまじめ」といった印象を与えることもあります。これもこのタイプの人が注意しなければならない点です。偏見や誤解もあるでしょうが、このような不評を買うことで、みずからが「やる気」をなくしてしまうということもあるようです。自分の「やる気」を持続するためにも、「慎重であること」が成功への大きな要因であるように思います。

この章で取り上げてきた、生まじめ、凝り性、目立ちたがり屋、完璧主義者、いい人、神経質、不器用、移り気といったタイプの人は、ときにあきっぽく、手がけたことが長続きしない、という「共通の欠点」があるように思います。

ですが、基本的には仕事に対して誠実で、責任感にあふれた善良な人たちです。そして、いい才能をたくさんもっているのです。

要は、その活かし方なのだろう、と思います。

活かし方さえわかれば、「やる気」も出てきます。粘り強く闘い、自分のしたいことを貫ける人になれます。

あなたは、「自分という人間」の活かし方を知っていますか？　ほとんどの人は、ただ「一所懸命に、がんばる」ことが、自分を活かす唯一の方法と信じているかのように見えますが、これでは心が疲れてしまいますね。

ここまで本書を読み続けた人には、それよりも「やり続けることの大切さ」がわかってもらえたのではないかと思います。

最後に、第1章の冒頭で取り上げた言葉をもう一度、記しておきたいのです。

夏目漱石の、あの言葉です。

「無暗にあせってはいけません。ただ牛のように図々しく進んで行くのが大事です」

焦らずに、そして図々しく、続けていきたいものです。

ちょっと弱気になったり、気持ちがひるんだりしたときは、「牛のように進もう」と自分にいい聞かせて、一歩踏み出すのがいいと思います。

あとがき

何をやっても長続きしない、やる気が途切れる、という人の声をよく耳にします。英会話や資格試験の勉強を始めたが、長続きしなかった。日記を書こうと思って日記帳を買ったけれど、文字が埋まっているのは最初の五ページほど、あとの大部分は白紙のまま……どうしても「やる気」が続かないと、そんな人は少なくありません。

そして溜め息まじりに、「なんでこうあきっぽくて、何をやっても長続きしないんでしょう、自分が嫌になります」と嘆きます。

けれども、みなさん、私が見ている限り「あきっぽい性格」のもち主でもなければ、「何をやっても長続きしない」わけでもない。自分について誤解しているのではないかと思うのです。

現に、仕事に対しては粘り強く、こつこつと最後まで諦めずにやり遂げる、まじめな人ばかりです。友だちとのつき合いも大切にし、家族ともうまくやっています。

たまたま仕事や家族サービスに忙しく、スポーツクラブへいく余裕がない、自己啓発の勉強に充てる時間がなくなった、というだけのことのように思うのです。

自己嫌悪になってはいけないのです。

何かを始める前から「こんな自分のことだから、何を始めてもどうせ長続きしないだろう」と、自分に悪い暗示をかけることにもなります。「どうせ」という、自分への疑心を抱きながらでは、何を始めても長続きするはずはありません。

もっと自分を信頼して下さい。とはいっても、実際には、何かを「続け」なければ、自信をもつことはできないという一面もあります。どっちが先か、といえば……私は、まず「自信」のほうをお勧めします。

ある人は、自分は仕事ができる、能力がある、天才だ、年のわりには体力があるほうだ、人一倍エネルギーに満ちている、自分はすごい、最高だ……と、「根拠なし」で信じているそうです。

それが、いい自己暗示になります。

仕事も、スポーツも、趣味も、人間関係も、「やる気」を失わず、続けていけるようになります。

少々つらいことがあっても、食い下がっていけるようになります。

無我夢中になれる……そして、続けていくうちに実力がついてくるのです。それが、本物の自信をもたらしてくれます。

「根拠あり」の自信さえつけば、「やる気」はますます強くなります。あとは何をやっても長く続けられ、大きな成果が得られると思うのです。

具体的な方法は本書にまとめたつもりです。どうぞ、うまく活用してほしいものです。きっと「今とは違う自分」に出会えるはずです。

鴨下一郎《かもしたいちろう》

現代人は「心のストレスとのつきあい方」が上手ではない、と指摘。一連の著書は「心のストレスと幸福感」がテーマになっている。本書では、「心の整理法」を中心に、「やる気になる」ものの考え方と、「やる気」を継続する工夫を提案している。

ストレス予防と治療の専門医。1949年東京生まれ。医学博士。

『職場・仕事・人間関係で「イライラする！」とき読む本』『女性が「心のストレスに負けない」ための本』『身近な人が「うつかもしれない」と思ったら読む本』『こころとからだの「疲れやすい」を治す本』『人の「ことば」に傷ついたとき読む本』『「朝に強い人」になれる本』（小社刊）など、著書多数。

「やる気《き》が出《で》ない」が治《なお》る本《ほん》

2012年 10月 29日　初版 1 刷発行

著者…………鴨下一郎　
企画・編集…………株式会社波乗社／179

発行者…………大谷松雄

発行所…………株式会社新講社
http://www.shinkosha-jp.com
東京都千代田区飯田橋4-4-9
ダイアパレス飯田橋 410　〒 102-0072
電話(03)3234-2393・FAX(03)3234-2392
振替・00170-6-615246

印刷所…………萩原印刷株式会社

ISBN978-4-86081-454-0　Printed in Japan.

新講社の「生き方」シリーズの本づくりについて

わたしたち新講社では、これまで、人が生きてゆくのに必要な生活の知恵や物の見方、考え方についての本づくりを進めてきました。

このシリーズ企画は、著者、編集者、そして読者の皆様の声という協力態勢による本づくりを目指します。

新講社のこれまでの刊行物と同様、読んで実効性・実用性のある出版物となるよう力を尽くす所存です。

ご愛読いただければ幸いです。